# 霊仙三蔵と幻の霊山寺

カバー挿画／大塚健二

霊山寺之古図（森望氏蔵）

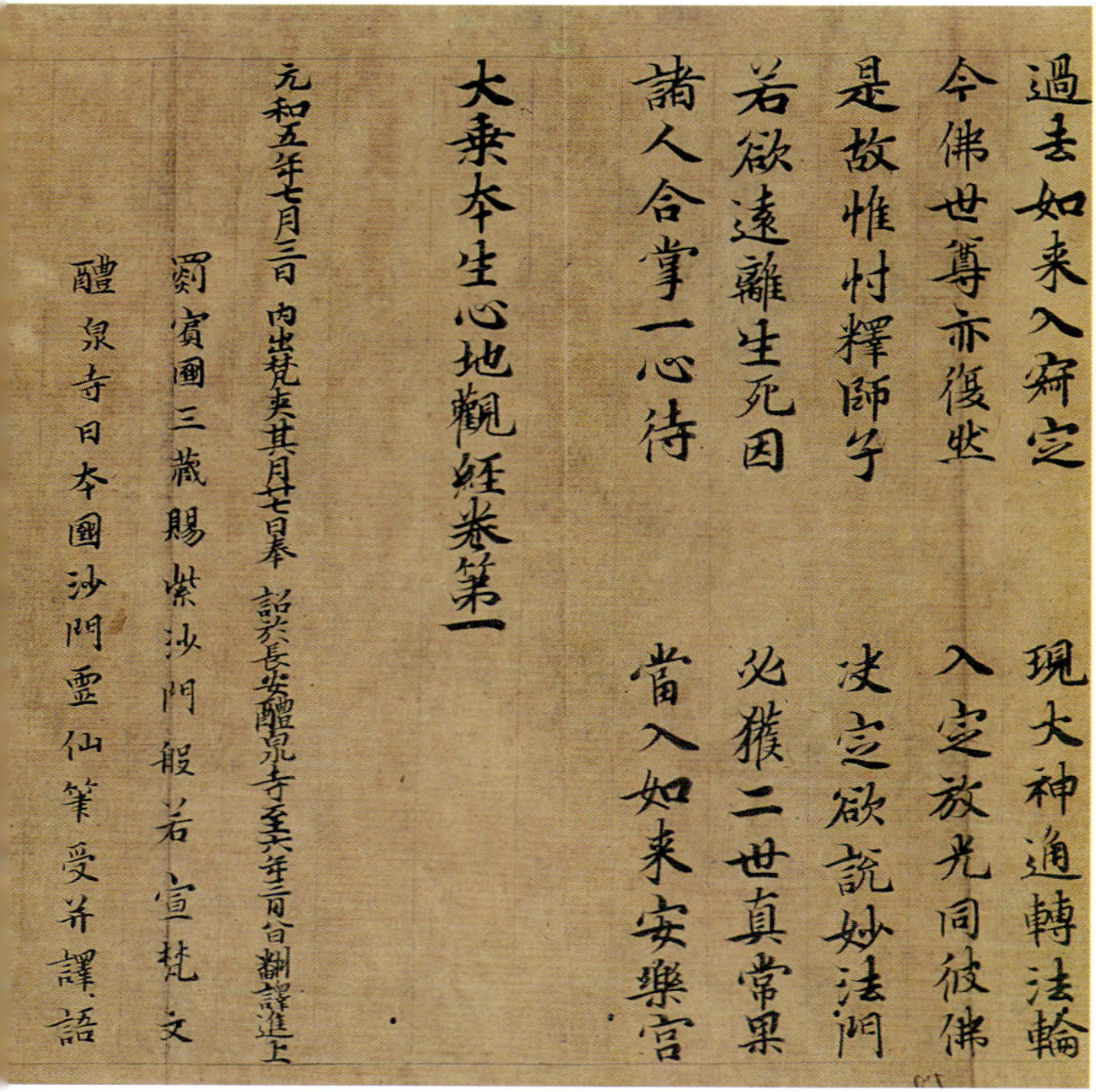

過去如来入寂定　現大神通轉法輪
今佛世尊亦復然　入定放光同彼佛
是故惟忖釋師子　决定欲説妙法門
若欲遠離生死因　必獲二世真常果
諸人合掌一心待　當入如来安樂宮

大乗本生心地觀經卷第一

元和五年七月三日　内出梵夾其月廿七日奉　詔於長安醴泉寺至六年三月八日翻譯進上
罽賓國三藏賜紫沙門般若宣梵文
醴泉寺日本國沙門霊仙筆受并譯語

大乗本生心地観経　巻第一奥書（石山寺蔵）

濟法寺沙門藏英潤文

福壽寺沙門恒濟迴文

惣持寺沙門大辨證義

右街都勾當大德莊嚴寺沙門一徽詳定

都勾當譯經押衙散兵馬使兼正將朝議郎前行隴州司功參軍上柱国賜緋魚袋臣李鼒

給事郎守右補闕雲騎尉襲徐国公臣簫儼奉　勅詳定

銀青光祿大夫行尚書工部侍郎充　皇太子及諸王侍讀上柱国長洲縣開国男臣呂蒙奉　勅詳定

朝請大夫守給事中充集賢殿　御書院學士判院事臣劉伯荷奉　勅詳定

朝議郎守諫議大夫知匭使上柱国賜緋魚袋臣孟蘭奉　勅詳定

右神策軍護軍中尉兼右街功德使邑從持進行右武衛大將軍知內侍省上柱国開国公食邑三千戶臣第五從直

霊仙山頂

# 発刊によせて

「霊仙の山　若葉燃えたち　丘の学舎の窓は輝く」

これは、昭和四十四年統合中学校となった新多賀中学校の校歌の一節で、作詞は宮中の新年歌会初めの選者でもあった木俣修氏によるものである。

多賀町で巣立つ子供の全ては、霊仙の山頂を仰ぎこの校歌を歌いながら育っていった。

干天の夏の宵、山頂に棚引く白雲に、時折ピカッ、ピカッと光る稲妻。古来より神秘な山として、ご神体として崇められてきた霊仙山に思いを馳せる人々は数知れずいる。

山頂近くの「経ガ塚」で一夜テントを張り、夜明けを迎えたとある登山者は、背を越す笹原の中からうぐいすの百声以上の競い鳴きの声が耳に入り、夢の楽園にいる思いをしたと述べられていた。霊仙山はまさに動物や植物にとっても自然に恵まれた楽園に違いない。

ところで千二百年前、奈良興福寺で修行し、中国に渡った僧・霊仙は、釈迦の教えを説いた梵語の原典を漢語に訳し『大乗本生心地観経』を訳経した。彼はその業績を認められ、日本人で唯一、仏教僧最高の法号「三蔵」の号を授けられた僧である。

この経典には次のようなことが説かれているという。

・山林に入って心身を錬磨する者は、遂に正覚を得るであろう

・森林に入って、我を去り、自分を枯木のように見て、一切の恐怖から解脱せよ

・出家して、森林に住み布施などの十波羅蜜を円満に行い、ついに正覚を得る

私たちが日毎、仰ぎ見る霊仙山にはかつて霊山寺という七箇の支院を持つ寺があったと聞く。そして霊仙三蔵はこの地で生まれ、幼少の頃、霊山寺で学んだといわれて久しい。もしそうであれば、三蔵が体験した霊仙山に漂う霊気を思い浮かべながら、訳経の作業に取り組んだことであろうと推測される。

多賀町の「さんどう会」は平成元年（一九八九）二月、多賀町の自然と修景と歴史を探り公表しようと、発足以来十年余りになる。

今、ここに霊仙山の歴史と郷土ゆかりの先覚者霊仙三蔵の事績を纏め、発刊に至ったのがこの本である。

先人が畏敬の念をこめ、親しんできた豊かな自然の残る霊仙山が、これからも末永く多くの人々から愛され、崇敬され続けることを心から願って、発刊お祝いの言葉とする。

平成十三年十一月

多賀町長　夏　原　　覚

# 目次

## 第三部　霊仙三蔵顕彰の旅



## 第四部　霊仙山の雨乞い伝説



## あとがき

# 第一部　霊仙三蔵

# 石山寺にて

平成十二年（二〇〇〇）の夏は、ことに暑さが厳しかった。

そんな八月下旬のある午後、私たちは汗を拭きながら石山寺のおおきな山門をくぐった。霊仙三蔵の『大乗《だいじょう》本生《ほんじょう》心《しん》地《ち》観経《かんぎょう》』を拝観させていただくためである。弘仁二年（八一一）、いまから千百九十年の昔、中国・長安（現在の西安）の醴泉寺で、日本人の仏僧・霊仙《れいせん》は多くの中国僧の中心となり、心血をそそいで『心地観経』の翻訳と筆記を完成させた。その経本（巻第一）が石山寺にある。

参道の両脇の桜並木が、油蝉のしぼりだすような鳴き声に包まれていた。

山門のすぐ右側に石山寺事務所がある。白砂を敷きつめた小庭を通り、事務所に入る。私たちは応接間に通された。丸い小さなテーブルの上に、折り畳んだ経本がひとつ置いてあった。

「あれが、霊仙の心地観経なのか。」

意外に薄い。石山寺のものは、大乗本生心地観経の一部であるとは聞いていたが、意外に小さい。

まもなく、石山寺副座主、鷲尾遍隆師が見えられた。繻子《しゅす》の黒い衣を涼しげに身に着けておられる。

「どうぞ、手にとってご覧下さい。」

「えっ、手にさせて頂いていいんですか。」

重要文化財の指定を受けている『心地観経』である。「拝ませてさえ頂けたら」との気持ちで石山寺をお訪ねした。ほんとうに予想外のご配慮である。おそるおそる、経本を開いていく。いささかも気を抜かない正確な筆墨の漢字が並ぶ。

そして、この経本巻一の跋文《ばつぶん》（あとがき）に、私たちが何度も何度も「活字」として見てきた一文が、経文とおなじように丁寧な筆の字で次のとおり記されていた。

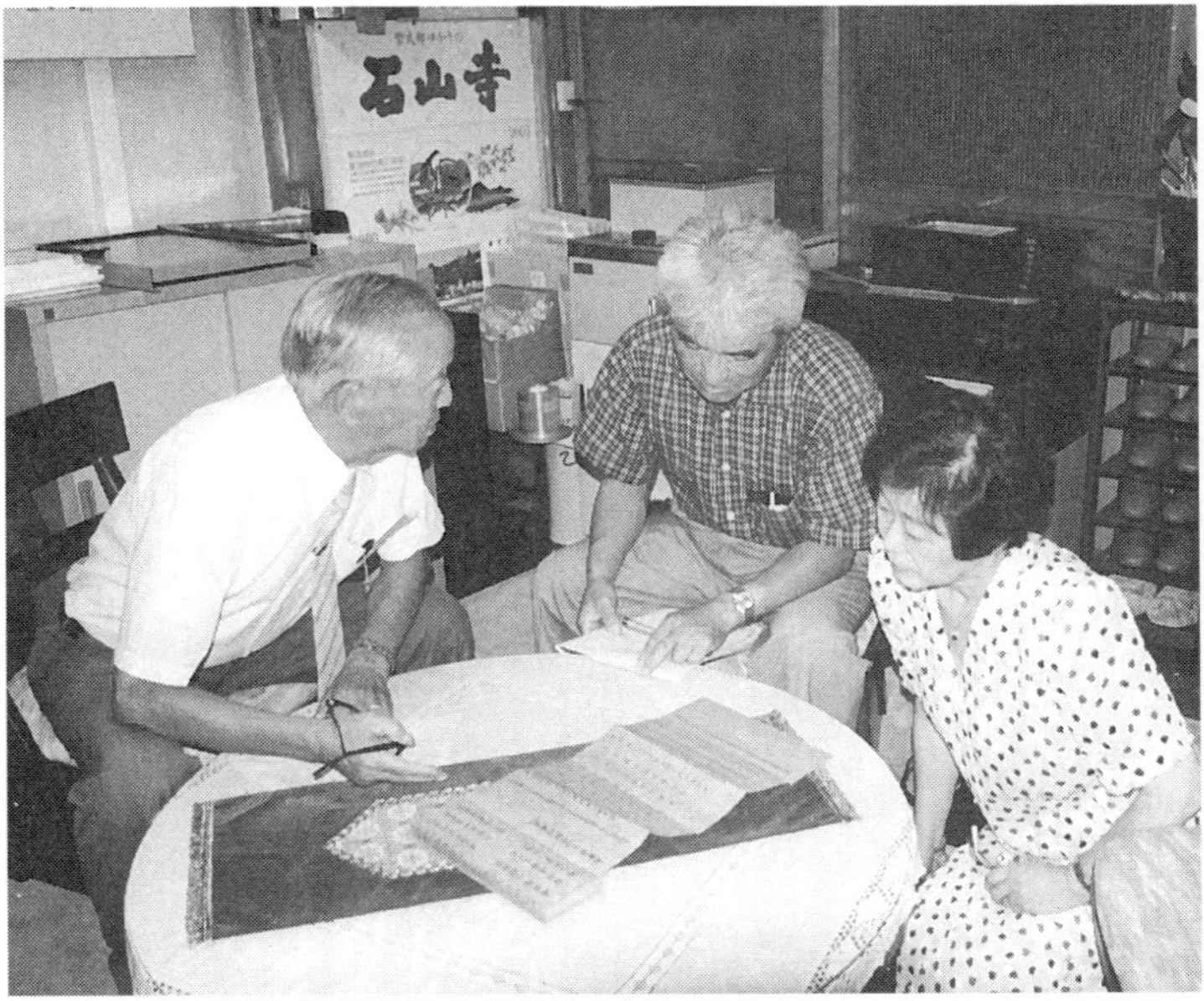

石山寺で『大乗本生心地観経』を拝観する会員たち

元和五年七月三日、内出梵夾、其月二十七日、奉詔、於長安醴泉寺至六年三月八日翻訳進上

その意味を書きあらわすと次のようになる。

「中国、唐代の元和五年七月三日、宮中で木の葉にサンスクリット語で記されたお経が見つかった。皇帝の詔により、その月の二十七日から長安の醴泉寺で訳経がはじめられ、翌六年三月八日、訳を終わり皇帝に奉った。」

まず、心地観経の発見と翻訳の経過が綴られているのである。つづいて跋文には、その作業に従事した高僧たちの名前が記されていた。

罽賓国三蔵賜紫沙門　般若　宣梵文

醴泉寺日本国沙門　霊仙　筆授并訳語

経行寺沙門　令暮　潤文

## 醴泉寺沙門

少謹　廻文

この後にも、経文の翻訳事業にたずさわった中国の僧や役人たちの名前、そして翻訳のなった経文をどのように取り扱ったかなどの説明の漢文がならぶ。

冒頭にあげられた「罽賓国三蔵賜紫沙門・般若」とは罽賓国《けいひんこく》（カシミール地方）出身で、当時すでに三蔵法師の尊号を贈られていた高僧である。彼が「心地観経」翻訳作業の主席をつとめていた。

そして、私たちの目は、次行の「醴泉寺《れいせんじ》・日本国沙門・霊仙・筆受並訳語」にそそがれる。この一行にこそ、唐代の中国に渡り、ついに祖国へは帰ることのなかった霊仙の生涯がこめられているのだ。

「筆受並訳語」とは般若三蔵がサンスクリット語で読んだお経を、霊仙《れいせん》が漢語に翻訳して筆記し、かつ漢文に書き換えたということである。「沙門《しゃもん》」とは僧侶のことで、長安の醴泉寺に住する日本国の僧侶、霊仙が心地観経翻訳の中心的な役割をになっていたことが明記されているのだ。

しかし、霊仙はさまざまな事情から、ついに祖国日本に帰ることができなかった。そのため、彼の名も業績もやがて人々の記憶から忘れ去られていった。

霊仙三蔵が私たちの前にふたたび姿をあらわしたのは、それほど昔のことではない。

大正二年（一九一三）、京都大学・内藤湖南博士一行が大本山石山寺で古文書の調査を行っていた。石山寺は、天平十九年（七四七）に聖武天皇の勅願により良弁僧正が草創したと伝えられ、多数の経文・古書籍を蔵している。

内藤博士は、それらの経文類を徹底的に調査しているなかで、古い箱の底から一巻の経本を発見した。この時の状況が、『噫、霊仙三蔵』（昭和三十八年・鷲尾光遍著）につぎのように記されている。

「先生、それは何なのです。先生、どうかされましたか。」

と皆の者が先生を取り巻いた。先生は、やっと我に返って、手に持った古経を、いとも鄭重に、まるで気でも狂ったのではないかと思うほど、

瀬田川畔にある石山寺は紫式部ゆかりの寺としても有名

何辺も何辺も戴きながら、極めて謹厳な態度で、一行の者に、懇々と解き聞かせられた。

内藤博士が発見されたのは、「日本国沙門　霊仙　筆受ならびに訳語」と書かれた『心地観経』巻一の古写本なのであった。それまで心地観経は、般若三蔵の翻経によるものとの定説があった。だが、石山寺における発見によって、その中心的役割を果たしたのが日本国学僧・霊仙であることが明らかになったのである。

以来、さまざまな学者によりわが国が生んだ国際的な高僧、霊仙の事歴が研究され発表されるようになった。

# 日本人唯一の三蔵法師

日本人で、最澄や空海の名前を知らない人は少ないだろう。平安時代、最澄は比叡山で天台宗を興し、空海は高野山に真言宗を開いた。確かに二人の残した足跡は大きい。それだけに、最澄は伝教大師とあがめられ、空海は弘法大師として慕われている。

ところで、最澄や空海を知っている人に、「霊仙のことは」とたずねても、「知っている」と答える人はまずいない。仏教界に属している人たちに同じ質問をしたとしても、残念ながら知らないという人の方が多いのではないだろうか。

霊仙は、最澄や空海と共に遣唐船に乗り、唐に渡った学問僧である。そして長安（現在の西安）で仏典の翻訳をなしとげ、唐の憲宗《けんそう》皇帝から仏僧として最高の尊称である三蔵法師の号を贈られた。三蔵法師を名乗るのは日本人で霊仙ただ一人である。

異国の地に没するまで、彼は日本仏教の興隆にもさまざまな努力をつくした。その霊仙の事績がほとんど知られていないことは、たいへん寂しい。もっともっと、霊仙のことを多くの人に知ってもらう必要があるのではないか。最澄・空海とならべて霊仙を平安初期の高僧として認識してほしい。

近年、霊仙の足跡を辿り、彼の事績を顕彰しようという動きがあちらこちらで起こってきている。そこで本編では、出来うる限りの史料をもとにして霊仙の人間像を再現してみようと試みるものである。

平安期において長安や五台山など仏教の世界的舞台で活躍したのが霊仙であった。

彼が翻訳した経典『大乗本生心地観経』は、海を渡り千二百年を経て真言宗大本山・石山寺（大津市）にいまも伝えられている。霊仙の歩んだ道を探るには、まずその石山寺を訪ねることから始めたのである。

霊仙は「三蔵の法師」と呼ばれる。

「三蔵」とは、とくに優れた高僧の称号で、一切経《いっさいきょう》の「経蔵」「律蔵」「論蔵」にすべて通じていて、はじめて与えられるものである。霊仙は、『心地観経』を訳経したことによって、時の憲宗皇帝から三蔵の号を贈られた。

「三蔵」の称号をもつ僧は、『西遊記』に登場する玄奘《げんじょう》三蔵をふくめて中国でも十指に満たない。わが国では、もちろん霊仙ただ一人である。

彼、霊仙三蔵はどのような途を歩み中国大陸へ渡ったのだろうか。

霊仙が日本で学んでいたことを示す文書として、『一乗要決《いちじょうようけつ》』巻下に、つぎのとおり記されている。

彼経筆受・霊仙法師、本住当朝興福寺、習学法相宗

「心地観経は、霊仙法師が筆受した。彼は、奈良・興福寺に止住し法相宗を学んでいた。心地観経の中の法相教学的なことばは、法相宗本山である興福寺で学んでいた霊仙が、筆受のときに潤色したものだろう。」

これは寛和元年（九八五）に有名な『往生要集《おうじょうようしゅう》』をあらわし、浄土教義を大成した源信（恵心僧都《えしんそうず》）によって書かれたものである。源信は霊仙が興福寺の学僧であったことを後世につたえようとしたわけではない。これはあくまでも心地観経について論究する中で書かれた部分である。しかし、この一文によって、私たちは霊仙が興福寺の学僧であったことを知ることができる。

さて、中国大陸では唐が長安（現西安）に都をおき、世界帝国として君臨していた。わが国からは、ほぼ二十年に一度の割り合いで唐に外交使節が派遣されていた。遣唐使である。使節の構成は、大使・副大使をはじめ、先進国の文化・宗教・技術などを学びとるための留学僧や技術者も加わっていた。

「遣唐使の歴史は、遭難の歴史でもある」といわれる。舒明天皇二年（六三〇）いらい、前後二十回の遣唐使派遣が企てられたが、犠牲者なしの往復は数えるほどしかない。遣唐使船には、普通、一隻に百五十人ほどが乗り込んでいた。当時、わが国では多人数による海外渡航用の大型船は必要がなく、したがって大型船製作の技術や航海術は発達する余地がなかった。遣唐使に任命されたものの、たとえば宝亀八年（七七七）の遣唐大使・佐伯今毛人のように、危険をおそれ、仮病を使って任務を辞退する者さえ出たことがあった。

しかし、遣唐使船に乗り込み、先進国であり超大国でもある唐の文物に触れることは、わが国各界の指導者にとって憧れであり、当然、各界の精鋭がえらばれた。また、同時にその一人ひとりはおおきな使命感をもっていた。

霊仙が学んでいた興福寺は、山背国山階寺《やましろこくやましなでら》を起源とする古寺で、平城遷都にともない飛鳥から現在地に移され、養老四年（七二〇）には官寺に列した。藤原氏の氏寺として、同氏の勢力拡大とともに法相教学を学ぶ修行僧多数を抱え、寺運は隆昌をきわめていた。

そして霊仙は、この興福寺で学ぶあまたの僧の中から遣唐使に選ばれたのである。

ところで、霊仙が唐に渡った年代には、二説がある。一つは、光仁天皇の宝亀四年（七七三）とするものであり、もう一つは延暦二十二年（八〇三）の遣唐使船とするものである。宝亀四年説は『宋史日本伝』の「二僧、霊仙・行賀を遣わす」との記録をもととしているが、時代が遡りすぎる。定説となっているのは、興福寺の慈蘊《じうん》が著した『法相髄脳《ほっそうずいのう》』にもとづく延暦二十二年説である。彼は平安初頭、法相学の権威であるが、そこに次の一文がある。

延暦二十二年、附遣唐学生霊船闍梨渡於大唐

「延暦二十二年、遣唐学生に附いて僧・霊船が大唐に渡った。」

この書における「霊船《れいせん》」とは霊仙《れいせん》のことであり、このような書き換えは、しばしば生じていた。冒頭にもかなを振っておいたが、「霊仙」は「りょうぜん」と発音せず「れいせん」と漢音で発音する。

あとでも述べるが、僧・霊仙と霊仙山の関係から、一般には「霊仙三《りょうぜんさん》蔵《ぞう》」と呼ばれているが、本来は「霊仙三蔵《れいせんさんぞう》」と呼ぶことを付記しておこう。

ところで、慈蘊が霊船（仙）の名前を記しているのは、入唐する霊仙に自分が著した『法相髄脳』を託すためであった。法相教義の疑問解明のためとも、あるいは日本における法相学の成果を披露するためであるとも推定されている。

先述したように、興福寺・法相教学を学ぶ幾多の僧のなかから選ばれ遣唐使に加わった霊仙は、慈蘊と匹敵しうる学識をもっていたことに加え、当時の日本仏教界のため寄与したいとの強い使命感を持っていたのであろう。

興福寺におけるわが国法相教学の水準を先進国・唐の仏教界に示すとともに、さらに多くの知見を持ち帰ることを任務としていたのである。このときすでに霊仙は、興福寺法相教学の最高峰を形成する位置にあったと考えられる。

# 唐へ

霊仙は、その遣唐使船の学問僧に選ばれた。

学問僧とは二十年、三十年という長期の留学僧である。唐に滞在する間の費用として、絁《あしぎぬ》四〇疋《ぴき》、綿一〇〇屯、布八〇端が支給された。いっぽう還学僧《げんがくそう》と呼ばれた短期留学僧もあった。還学僧の場合は使節とともに一年あまりの滞在期間を経て帰国した。後に天台宗を興した最澄は還学僧である。

遣唐使に随伴した彼ら留学僧たちの任務は、仏教の修学にあったが、さらに留学僧たちは、中国仏教を学ぶことを通して世界最先端の思想界の動向をとらまえ、それをわが国の政治・文化・哲学の中にどのように生かすかという大きな課題を担っていた。霊仙が長期留学僧に任命されたという

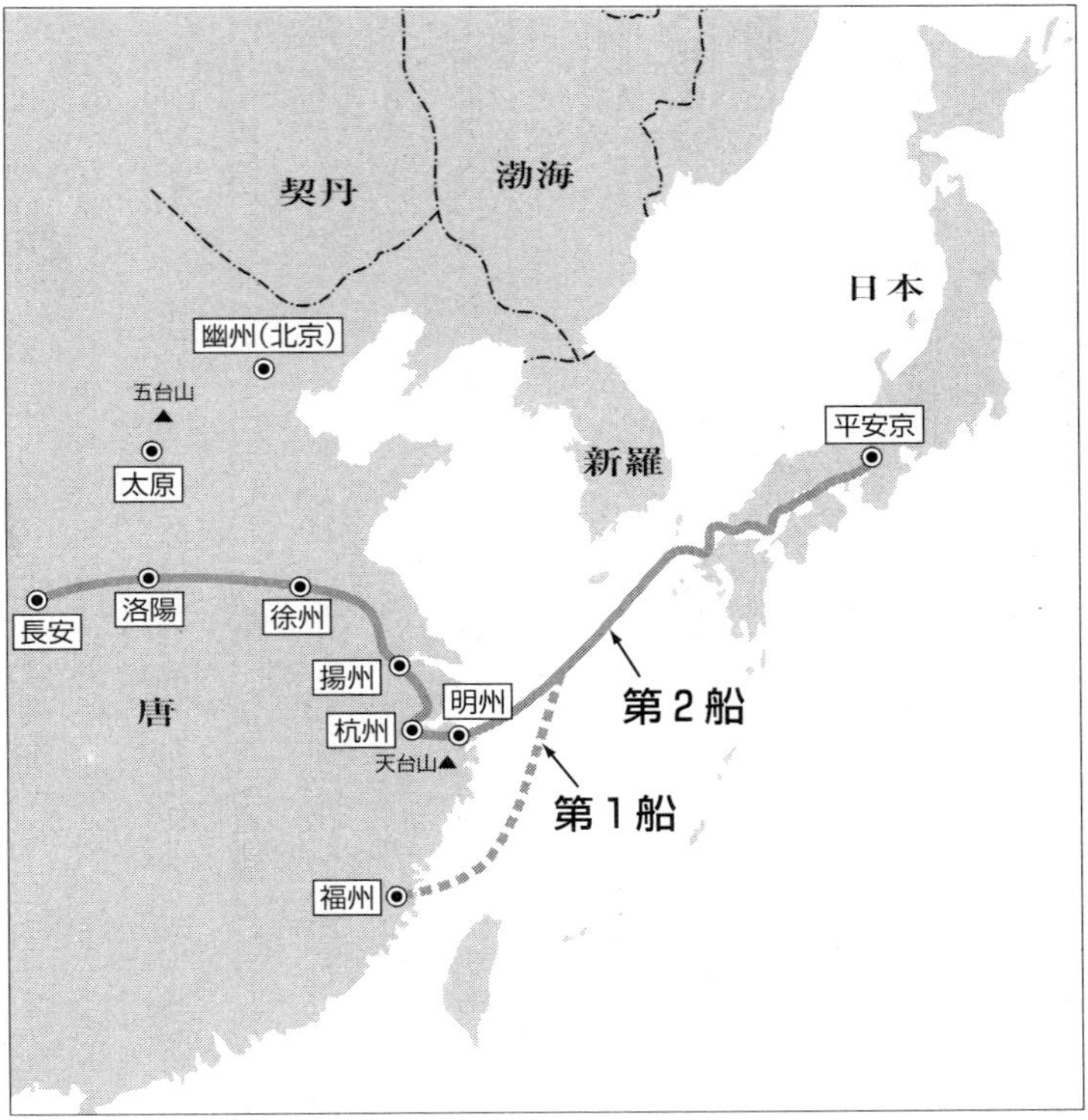

延暦22年の遣唐使船航路と長安へのルート

ことは、朝廷をはじめ、わが国の仏教界の期待がいかに大きかったかを示すものである。

霊仙が加わった遣唐使船は、藤原葛野麻呂《ふじわらくずのまろ》を正使として、延暦二十二年四月、四船が難波の湊を出発した。途中、荒天に遭遇しいったん九州に上陸した。翌延暦二十三年七月六日、肥前・松浦を出帆したものの、翌日はやくも暴風にあい、じっさいに唐に到着できたのは四船のうち、第一船と第二船のみであった。第一船は三十五日後、目的地より遙か南の福州に到着した。大使・藤原葛野麻呂をはじめ空海らが乗船していた。空海は当初の渡航には参加していなかったが、のちに留学僧として加わっていた。第二船は海上を五十日流されつつも、目的地の明州（現・浙江《せっこう》省寧波《ねいは》）に上陸した。副使・石川道益や最澄らが乗船していた。霊仙は最澄たちの第二船に乗船していたと思われる。彼らは、九月一日に上陸地の明州を出発、揚州から船で大運河を北上した。広大な原野、土色の悠々とした流れ。清流と渓谷の中に育った霊仙の目に、大陸の地はどのように映ったことであろうか。ときに、唐は貞元二十年（八〇四）、のちに霊仙のよき理解者とも庇護者ともなった憲宗《けんそう》が皇帝であった。

最澄は、知られているように中国浙江省の天台山で修学し、翌年、帰朝した。いっぽう空海は、長安・青竜寺《しょうりゅうじ》で学び、二年後の大同元年（八〇六）に帰朝している。最澄・空海は密教を学ぶとともに、それをわが国につたえることを使命としていた。帰国が早かったのは、そのためである。

霊仙の場合は、長期留学を命ぜられた留学生であった。このことは、のちに朝廷から二回にわたって奨学金を送られていたことからも推定できる。

渡唐のとき、空海が三十歳、最澄は三十七歳であった。新進気鋭である。いっぽう霊仙は、すでにわが国での法相学の権威である。空海・最澄より、年齢はもうすこし上回り四十五歳前後であったと推定されている。心身共にまさに充実した時期を迎えていた。

霊仙は唐都・長安（現在の西安）に入城し、法相宗・醴泉寺《れいせん》に入った。以後の数年、彼は沈黙の時代をすごした。この間に、般若《はんにゃ》との親密な師弟関係が築かれたものと思われる。

般若は、石山寺所蔵『心地観経』の奥書にもあるように、罽賓すなわちカシミールの人である。彼は、建中二年（七八一）に広州を訪れ、貞元十四年（七九八）には長安・崇福寺に至り『華厳経《けごんきょう》』の翻訳を完了していた。『六波羅蜜多経《ろくはらみったきょう》』七巻も般若の力によりすでに訳経がおこなわれ彼は三蔵の称号を得ていた。

霊仙が長安を訪れたとき、般若三蔵もまた長安に滞在していた。般若も霊仙も仏教の立場でともに、「唯識《ゆいしき》」を称えていた。

「唯識」とは、すべての事象は、心のはたらき（識）によって作り出されたもので、この道理を弁え修行をすすめることにより、仏の境地に達しようとするものである。

霊仙は、長安において般若三蔵から「唯識」の真髄を学びつつ、あわせて梵語の習得にも励んだ。いっぽう般若は、霊仙の人格とすぐれた才能を深く愛するようになった。おたがいに外国人同士であるという共通点も、二人の結びつきをよりつよめたことと想像できる。

明代に築かれた西安の城門（安達門）

現在、西安には市街地の中心部を囲む城壁と城門が残されているが、これは明代に、唐の長安城の皇城を基礎につくられたものである。唐代を含め多くの遺跡は広く城壁を離れた郊外に散在している。霊仙が止住し、般若の薫陶を受けた醴泉寺は、その所在地すら不明である。しかし、西安の城門に登り、千二百年の昔に霊仙や空海がこの街のどこかで仏教の研さんに励んだであろうさまを想像すると、しみじみとした思いが心にこみ上げてくる。

空海の帰国報告書ともいうべき『請来目録《しょうらいもくろく》』などを見ると、彼は長安の西明寺を主な住所としながら、長安の諸寺を歴訪し修業を重ねていたと推測される。とくに、梵語の習得については空海も般若三蔵に師事していたことが明らかになっている。空海は二年二ヶ月の滞在後、大同元年（八〇六）十月に帰朝したが、長安滞在中は、般若三蔵のもとで霊仙とともに梵語の学習に励んでいたと推測される。異国・長安の醴泉寺の一隅で、霊仙と空海が日本仏教の将来について真剣な議論を交わすなどの場面も、あるいはあり得たかも知れない。

洛陽・白馬寺に建てられた空海の像。
空海は西安に住み洛陽も訪れたという。

# 心地観経の翻訳

時は流れた。

霊仙とともに海を渡り、唐の長安を訪ねていた遣唐使節や、最澄たち還学僧（短期留学僧）は、翌延暦二十四年六月に祖国に帰った。留学僧であった空海も翌々年には帰朝している。遣唐使船は、ほぼ二十年間隔で派遣される慣わしである。国際化の進んだ長安ではあったが、それ以後霊仙が日本人と出会う機会はまずなかったと想像できよう。求道一筋の彼の姿だけが思い浮かぶ。

霊仙が唐に渡って七年目のことであった。

中国の元和五年（八一〇）七月三日、長安・宮城の倉庫で「高宗に対し、獅子国王より献ずる」と墨書された古い箱が見つかった。その中には梵夾《ぼんきょう》

（木の葉にサンスクリット語で綴られた経文）が入っていた。

時の皇帝は憲宗であった。憲宗は第十一代の皇帝として、当時、地方の反乱などで弱体化していた唐朝を立て直したことにより「中興の英主」とよばれ、仏教を厚く庇護していた。彼は、その内容が四恩を説いた国家司政にかかわる大経であることを知り、詔勅をもってその翻訳を般若三蔵を主席とする八人の僧に命じた。このころ、般若はすでに八十歳を越えていた。般若は、共に唯識について論じあい、また手をとって梵語を教えた霊仙のなみなみならぬ学識に深い信頼をおいていた。また、霊仙の真摯な人格にも敬意を抱いていた。彼は霊仙を翻経の次席として皇帝に推挙した。こうして翻経作業の実質的な責任者は、般若によって次席に推された霊仙になった。

石山寺に伝わり、私たちが目の前に見て、手にした『大乗本生心地観経』はこのときに生まれたのであった。

「翻経」、すなわち経典の翻訳とはどのようにして進められるのだろうか。

その場を実際に見た日本僧の記録がある。

次のとおりである。

「翻訳僧のおもだったものが、最初にサンスクリット語で書かれた経文を説明する。次席の筆受がその一句を読み、漢訳にたくみな僧が漢訳をしながら音読し、筆受がこれを記録する。漢訳された句は、潤文・廻文を担当する僧により、さらにこまかな点検と補正がおこなわれ、経文としてのリズムが整えられる。訳場には香が焚かれ、かぐわしい空気がただよう。お経の翻訳に従事する者は、すべて心身を清め厳粛にこれにのぞんでいる。」

これは、わが国の延久五年（一〇七三）、僧・成尋が六十二歳の高齢で当時の宋に入り、開封・印経院における訳経の現場に立ち会ったときの「見学記」（『参天台五台山記』）である。ことは、新経の翻訳である。訳場には、さぞ厳粛な雰囲気がはりつめていたことであろう。

皇帝の詔勅により霊仙が従事した『大乗本生心地観経』の翻訳は、さらにこれを越える規模と荘厳な環境のなかで進められたものと想像される。『心地観経』巻一の奥書には、「醴泉寺日本国沙門・霊仙、筆受ならびに訳語」と記されている。すなわち、霊仙は般若三蔵がサンスクリット語で読み上げたお経（宣梵文）を聞きつつ漢語に翻訳して筆記し、ついで漢文に書き換えた（筆受ならびに訳語）のである。霊仙は、本来、それぞれ別人が担当する「筆受」と「訳語」の二役を一人でこなしたのである。

梵語と漢語に秀で、さらに深い仏教への知識を持たなければ出来ないことである。

大乗本生心地観経全八巻の翻訳は、翌年の元和六年三月八日に完成した。霊仙のはたした役割は大きかった。その功を認めて、憲宗皇帝は、霊仙に三蔵の称号を贈った。こうして、日本人でただ一人「三蔵」の号を受けた僧が誕生したのである。石山寺に伝わり、私たちが目の前に見て手にした『大乗本生心地観経』は、このとき生まれたのであった。

日本を離れて、すでに八年がたつ。留学僧としての研鑽をつみ、翻経という大きな仕事もなしとげた。いよいよその成果を祖国に持ち帰り、自国の仏教界で花として咲かせたい。

霊仙は、日本へ帰ることを皇帝に願い出た。

しかし、皮肉にも、『心地観経』訳出の中心的な役割をなしとげた霊仙の非凡の才能が、彼の帰国をはばむ原因となった。

貞観十九年（八七七）の『太元法縁起奏状』には、霊仙の弟子であった中国僧のことばが次のように記されている。その中に、こころならずも霊仙が引き続き唐に留まらざるを得なかった事情が明らかになっている。

「吾等の大師・霊宣（仙）和尚は、是れ日本国の人なり。（中略）請益、功を究め、還らんと擬する際、官家惜しみて留め、敢えて返るを許さず。」

留学僧としての成果をおさめ（請益、功を究め）祖国日本に帰ることを希望した霊仙にたいして、憲宗皇帝はこれを「惜しみて留め」、宮廷内での重職を与えることによって彼に帰国を断念させたのであった。憲宗皇帝は霊仙を「内供奉《ないぐぶ》」に任じたのである。「内供奉」というのは、宮廷の仕事をつかさどり、皇帝の病気のとき平癒祈願を行うなど、最高の僧職である。養老元年（七一七）、第九次遣唐使船で渡唐し、その人格と才能を愛されてついに中国に骨を埋めた阿倍仲麻呂と同じケースといえる。それは、民族の違いをこえ、広く人材を登用しようという世界国家・唐朝の政策でもあった。

霊仙が中国にとどまったことは、世界仏教の立場からすればたいへん意義があったと見るべきだろう。しかし、彼がついにわが国の土を踏むことなく終わったのは、平安時代初期の日本仏教界にとっておおきな損失であり、日本文化の上でも惜しむべきことがらであった。

歴史に、「もし、こうであったならば」という言葉は許されないかもしれないが、もし、霊仙が帰国していたなら、彼は最澄の天台宗、空海の真言宗をしのぐおおきな日本仏教界のうねりを巻き起こしていたにちがいない。

# 五台山へ

憲宗皇帝から三蔵の称号を贈られ、さらに内供奉に任じられた霊仙であったが、彼はその九年後に長安の都を離れ、中国山岳仏教の聖地、山西省五台山《ごだいさん》に移って行った。

五台山は、峨眉山《がびさん》・補陀落山《ふだらくさん》とともに、いまも中国の三大霊山の一つに数えられる仏教の聖地である。北京の東方約二百キロメートルの位置にあり、頂上が台状になっていて、最高峰・北台（三〇五八メートル）をふくめ、五峰が雲上に聳える。四世紀初頭、文殊菩薩《もんじゅぼさつ》がこの世に現れた清涼山にあたるとされ華厳宗《けごんしゅう》大道場として栄えてきた。八世紀半ばの最盛時には三百四十あまりの寺院がその山中にあったという。現在は長距離バスで中心部まで乗り入れることが出来るが、もちろん当時はすべてが徒歩である。五台山に至るには「すなわち山坂を行き、踏みて脚を破り、杖をつき、足を腫らして行く」（円仁《えんにん》『入唐求法巡礼行記《にっとうぐほうじゅんれいこうき》』）というたいへんな艱難《かんなん》がともなった。

長安から五台山までは、直線距離でさえ東北に約六百キロメートルも離れている。なぜ彼は都を離れ、さまざまな苦難をあえてしてまで五台山に至ったのであろうか。

その直接の原因は、霊仙のよき理解者であり庇護者《ひごしゃ》であった憲宗皇帝が宦官《かんがん》によって毒を盛られ、世を去ったことであった。当時、排仏の機運が高まりをみせる中で、さらに後継者争いもからみ、仏教庇護の立場に立つ憲宗が暗殺される結果となったのである。元和十五年（八二〇）正月のことであった。

憲宗側近の位置にある霊仙は、ただちに身に迫る危険を感じた。あわせて求法《ぐほう》の在り方についての思いもあった。かねて、霊仙は法相の教学を議論することだけが中心になっている「都市仏教」に飽き足らないものを感じていた。身をもって行を修めることこそ、真実の仏教者のとるべき道ではないのか。それがつねづね霊仙の抱いていた思いであった。

憲宗の死が契機となった。


こうして、霊仙はみずから山岳仏教の聖地・五台山での修行をこころざしたものと思われる。十六年という長い年月を過ごした長安を去り彼が五台山に至ったのは、憲宗死去の年、元和十五年秋であった。

五台山における霊仙の足跡は、のちに慈覚《じかく》大師と称された延暦寺第三世座主・円仁の『入唐求法巡礼行記』によって辿ることができる。

円仁は、承和五年（八三八）、遣唐大使・藤原常嗣とともに学問僧として唐に渡った。彼は、承和十四年（八四七）に帰朝するまで、山東半島の赤山法華寺から五台山をめぐり長安に至るなど、天台密教の充実をめざして勉学と修行にはげんだ。その間の記録がわが国最初の紀行記『入唐求法巡礼行記』として伝えられている。その中に、五台山で苦行しついに異国で客死《かくし》した霊仙の記事を見いだすことができる。このあとは、おもに同巡礼行記をもとにして霊仙の姿を追ってみよう。

元和十五年（八二〇）冬、霊仙は長安をたち、九月十五日に数名の弟子とともに五台山麓の普通院《ふつういん》にたどりついた。普通院というのは、五台山を巡拝する人々のために寺院内に設けられた休憩・宿泊施設である。僧俗の別なく、「飯あればすなわち与え、飯なければ与えず」という方式で巡礼者を宿泊させていた。そこからは、西北の方向にお盆を伏せたような五台の峯々のつらなりが望まれた。遙かな山波には草木の姿もなく前途のきびしさを予感させるものがあった。

仏教の聖地として五台山の名前はすでに日本でも知られていたが、唐の奥地であるだけに訪れる者はもちろん、その姿を見た日本人もいままでにはなかった。感激のあまり霊仙は、自筆でこの寺院の西亭の壁に「日本国・内供奉・翻経大徳・霊仙、この蘭若《らんにゃ》（寺院）に至る」と記した。現地の中国僧としては、霊仙が初めて見る日本人である。しかも、皇帝によって内供奉に任ぜられるとともに翻経の大事業を成し遂げた高僧である。霊仙に対して強烈な印象をもったことであろう。

それだけに二十年後の開成五年（八四〇）、円仁がその同じ普通院に到着したとき、彼が日本人僧であることを聞いた中国僧たちは、早速円仁を霊仙自筆の題詞が記されている西亭に案内した。自分こそ五台山を初めて訪れた日本僧であろうと考えていた円仁は、この書を見て驚きを禁じ得なかった。「ああ、自分より以前にこの五台山で行を修めた日本人がいるのだ。その方は、いまどうしておられるのだろうか」。その後も、円仁は五台山における霊仙のきびしい修行の足跡にたびたび接することになる。

霊仙は普通院を去り、高い峰をいくつも越え竹林寺《ちくりんじ》を経て大華厳寺に至った。その地の菩薩堂で夜を徹して読経と瞑想にふけっていたある未明、堂の高欄に立った霊仙は、墨色につづく山波の向こうの遙かな中空に一万体の菩薩像が自分を取り囲むかのように浮かんでおられる姿を見た。それは瞑想と修行の結果もたらされた法悦の境地であったのかも知れない。この出来事は大華厳寺菩薩堂の奇瑞《きずい》として人々に長く記憶されていた。円仁が訪れたとき菩薩堂前の宿舎の老人が、得意げに彼にそれを話して聞かせた。

ついで霊仙は、南台と中台のあいだにある標高二千メートル近い金閣寺《きんかくじ》に修行の場を移した。

五台山竹林寺。円仁記念碑と円仁記念堂がある。

彼は金閣寺堅固菩薩院で二年間とどまり、さらなる修行にはげんだ。もう彼にとって、高僧とか三蔵とかの名声は眼中になかった。いかにして、自分を文字通り「唯識」の世界に至らしめるかが課題であった。心の在り方によって痛みや苦しみをも超越することが出来る。霊仙は、ある日、自分の手の皮を長さ四寸、幅三寸も剥いでそこに仏像を描き、金銅の塔とともに金閣寺に寄進した。まさに鬼気をさえおぼえる激しい修行がつづいていた。

二年後、霊仙は五台山の鉄懃寺《てっきんじ》に移っていた。長慶五年（八二五）、日本年号の天長二年である。このとき、霊仙は嵯峨《さが》天皇から金百両を贈られた。すでに滞唐二十年にもなる。修行に明け暮れる毎日であるとはいえ、弟子を含めた衣食住にはそれなりの出費がかさむ。そのため、霊仙はかねて朝廷にたいし留学費下付の申請を行っていた。それが認められたのであった。

金百両という大金をはるばる五台山の霊仙に届けてくれたのは、渤海国《ぼっかいこく》の青年僧・貞素《ていそ》であった。渤海は朝鮮半島北部から中国東北地方の一部にかけ、七世紀末から約二百三十年ほど栄えた国で日本との友好関係を持っていた。霊仙は、長安にいたころ渤海の僧・応公《おうこう》と深い交わりを結び、応公は霊仙の教えを請う間柄であった。貞素はその応公の弟子であって、霊仙からいうと孫弟子にあたる。

応公は霊仙の悲願達成に助力しようとした傑僧である。そして、貞素もまた師・応公の意をわきまえ、日本と唐・五台山の長距離を旅してみずからの使命を果たそうとした情熱的な青年僧なのであった。

霊仙は、天皇から託された金百両を感涙とともに押しいただいた。そして、国恩に謝するため、「仏舎利《ぶっしゃり》一万粒」「新経二部」「造勅五通」をふたたび天皇に届けてほしいと貞素に依頼した。

霊仙が朝廷に贈った品々のうち、仏舎利というのは、仏陀の遺骨のことである。仏陀が入滅されたとき遺体は火葬に付され、その遺骨が各地に散りそこに塔が建てられたと伝える。寺院を建立し、塔を建てるときはその仏舎利を必要とした。金・銀・瑠璃《るり》・水晶・瑪瑙《めのう》などが仏舎利の代用になっていたが、いずれにしろ貴重なものである。当時の日本は、東寺をはじめとして寺院建立の盛んな時代であった。多数の仏舎利を必要としたのである。祖国の仏教振興を願う霊仙のひたむきな情熱と努力が、朝廷への「仏舎利一万粒」答礼となって実ったのである。

ちなみに、霊仙と同時に入唐した空海が請来した仏舎利は八十粒であった。天平勝宝五年（七五三）、鑑真がわが国に請来《しょうらい》したそれは三千粒といわれ珍重された。しかし、霊仙の贈った一万粒はこれらをはるかに凌ぐ分量である。貧弱な財政の中で霊仙に多額の留学費を届けた朝廷側には、彼の「仏舎利収集」に大きな期待があったものと思われる。

霊仙は、なおも多数の仏舎利を集めていたという。しかし、現地では霊仙によって多数の仏舎利が流出していくことに不快感を抱いていた者もあったにちがいない。さらに霊仙が朝廷から留学費として贈られた多額の金を保持していたことなども、後の「霊仙毒殺」の伏線になったのではないかと想像される。

霊仙が貞素に託し朝廷に献上したものには、「新経二部」もあった。その一部こそが、霊仙自身が「筆受ならびに翻経」した『大乗本生心地観経』

であり、現在、石山寺に伝えられているものなのである。

『大乗本生心地観経』は、釈迦如来が文殊師利菩薩に与えられたもので、一に父母の恩、二に衆生の恩、三に国王の恩、四に三宝（仏・法・僧）の恩と、四恩の尊さを説いたお経である。

このほか、「造勅五通」とは、皇帝から下贈された勅書などであろう。

これら、霊仙から渤海国僧・貞素に託された答礼の品々は、貞素の身命を捨てた働きによって、同じ天長二年（八二五）十二月、渤海使節とともに来日した貞素によってわが国に無事伝えられたのであった。

霊仙が朝廷に答礼として贈った『心地観経』が、どうして石山寺に所蔵されていたのだろうか。

私たちは、今回の石山寺訪問に際して、副座主・鷲尾遍隆師にそのことを尋ねた。

副座主は、

「当時の朝廷と京都・仁和寺との深い関係が前段として考えられます。そして、石山寺がある時期、仁和《にんな》寺系統のなかにはいっていた時期があることもおおきなポイントですね。」

「昔は、寺院に何かを寄進したりすると、寺院側は古いお経などをお礼に渡したりすることがあったようです。また、こちらの僧侶が自分の学習用としてお経を借り出したというケースも考えられなくはありません。確たることはもちろん分かりませんが、何かをきっかけに霊仙大徳の魂が里帰りされたと考えてみてはいかがでしょうか。」

京都・仁和寺は、仁和四年（八八八）、宇多天皇のとき完成し、同天皇は出家して仁和寺第一世座主となっておられる。皇室との繋がりはひときわ強い。真言密教寺院・石山寺と仁和寺とは昔から僧の交流もあり緊密な関係にあった。皇室から仁和寺へ、そして石山寺へと『大乗本生心地観経』が譲られてきたとしても大きな不思議ではないのである。

## 「死」をめぐる謎

天長三年（八二六）、霊仙からの仏舎利一万粒と『心地観経』など二部の経典を落掌された淳和《じゅんな》天皇は、五月のはじめ、渤海国僧・貞素から霊仙の消息をいろいろ聴取された。そして、唐朝において日本人としてはただ一人三蔵の称号を受け、「内供奉翻経大徳」を授けられるなど異例の出世をなしとげ、なおも厳しい修行にはげむ霊仙のの働きに深く感嘆された。渤海の使節団が来朝したのも、霊仙からの品々を天皇に届けることがおおきな目的であったこともこの時にわかった。

淳和天皇は、渤海使節の帰国にさいして、「わが国在唐の学問僧・霊仙からの品々を託送されたことを深く喜び、その労を慰めたい」と、風波の難をおかしてまで使節を派遣した渤海国王に深い感謝の気持ちを返書に綴った。そして天皇は、このときふたたび金百両を霊仙に届けてほしいと貞素に託された。

貞素は、その後、加賀国をへて帰国した。彼はふたたび、皇室から預けられた金百両を携え、わが国の天長五年（中国暦・太和二年、八二八）四月にふたたび五台山に至り、霊境寺・浴室院に霊仙を訪ねたのである。

三年前、霊仙に嵯峨天皇からの金百両を託し、再度、金百両を朝廷から預けられ玄界灘の荒波を渡る。中国大陸の吹きすさぶ風雨を凌いで旅をつづける。さまざまな苦難を越え霊仙に日本国天皇の暖かい気持ちを伝えようと五台山を目ざした貞素であった。

このころ、霊仙は鉄懃寺を出て七仏教誡院《しちぶつきょうかいいん》へ、さらに霊境寺に至って同寺・浴室院で修行をつづけていた。霊境寺もまた、標高千八百メートルという仙境に位置した寺院である。

霊仙はここで大元帥法《だいげんすいほう》を修得するため、さらに厳しい求法の毎日を過ごすことになった。大元帥法とは大元帥明王を主尊として修める「治国の根本となり、勝敵の要となる」真言宗の大法である。とくに、「逆臣を退け、国の怨敵《おんてき》を降伏し国王の威力を増進せしめる」ものとして、唐朝では秘法中の秘法とされていた。長安ではそのための修法院《ずほういん》が建てられ十人の内供奉僧が置かれるとともに、「ただ国王の為にして、もっぱら宮中にて行ふ。畿外の諸州、修供する事を得ず」とまでいわれていた。

霊仙は、この大元帥法を修得するとともに、その秘法を祖国日本のために伝えることを悲願としたのであった。

しかし、そのような霊仙を妬《ねた》み敵視するグループがあった。その気配を感じる霊仙ではあったが、あえて無視しつつ彼は自分の信ずる道にひたすら励む毎日であった。だが、そんなある日、何者かが彼の食事に毒を盛った。祖国へ帰り長い滞唐のなかで修得した仏教を広めることを夢みていた霊仙であったが、あえなくも霊境寺浴室院で生命を落とすことになった。

霊仙毒殺の理由は、すでに触れたように、彼が朝廷から贈られた大金を持っていたことや、その金で多数の仏舎利を集め日本へ送ろうとしていたことなどが挙げられている。また、外国人でありながら異例の出世をしたことも、妬みを買う一因になったかも知れない。もう一つ、霊仙が秘法中の秘法といわれた「大元帥法」を修得したため、危険人物視されたのであろうという説もある。
非業の死であった。

だが、そのことを知らない渤海の青年僧・貞素は、日本国天皇から託された百金を抱き決死の覚悟で五台山に霊仙を求め、ふたたび訪ねてきたのであった。貞素は、霊境寺に辿り着き霊仙の消息をきいた。その答えは意外にも、「霊仙が亡くなって、もう久しい」というものであった。霊仙に出会ったら、天皇からのお言葉を伝えよう。日本の話もしてあげようと心をときめかしていた貞素であった。思いもかけない答えに彼は最初はあっけにとられ、やがて状況を詳しく聞くとともにそれが動かしがたい事実だと知って、その場に泣き伏した。はるばる日本に渡り、またもや万難を排し五台山に戻ってきたのはいったい何のためであったのか。

ようやく、我にかえって、彼は涙とともに霊仙大徳を追憶する序文と七言絶句の漢詩を板に書き留め、霊仙が一時居住していた七仏教誡院の壁にそれを打ち付けた。太和二年（八二八）四月十四日のことであった。

霊境寺山門。村の人口は約1000人。
電気は通じているが、村に電話はないという。

国を越えて使命に挺身《ていしん》した貞素は、天皇から預けられた百金を持ってむなしく五台山を去っていった。

円仁・慈覚大師が五台山の寺院を巡礼しつつ七仏教誡院を訪ねたのは、開成五年（八四〇）七月三日であった。貞素が天皇からの百金を抱き涙ながらにこの地を去ったときから、すでに十二年の歳月が流れていた。

彼は台頂から南に向かって下り、谷間の寺院に立ち寄った。それは、屋根や壁が朽ち、うらぶれはてた七仏教誡院であった。ここで円仁は貞素が板に書いた序文と漢詩を見いだした。行く先々で霊仙の激しい修行のさまを聞き彼に畏敬《いけい》の念を抱いていた円仁であったが、七仏教誡院で見いだしたものは、あまりにも意外な結末であった。

円仁は、「一字を見ては泣き、一句を確かめて慟哭しながら」（『入唐求法巡礼行記』）、貞素の板書のすべてを書き写した。そのあらましを意訳してつぎに紹介しよう。

## 日本国内供奉大徳・霊仙和尚を哭する詩ならびに序

元和八年（八一三）、私は応公に出会いその弟子となった。長慶二年（八二二）、私は五台山に入室した。私の師・応公は、日本の霊仙三蔵の弟子である。長慶五年（八二五）、日本の大王は、遠く百金を賜り、私は長安に戻って金と書を携え鉄懃寺に来た。

霊仙大師は、金を受け取った。そして、私に、再度日本に渡り、国恩に謝するために、一万粒の仏舎利と新経二部および造勅五通を大王に渡してほしいと頼まれた。私は承諾して日本に渡った。万里の重波もはばからず、多くの縁の力をえてこの使いを果たした。帰国するとき、日本の大王は、また百金を賜った。太和二年四月七日、帰りて霊境寺に到り霊仙大師を訪れたが、死んでから日久しと聞いた。私は、血に泣き痛みに崩れた。私は応公との縁によって、死を見ることをも覚悟の上で四重の波濤《はとう》を越えて使いを果たした。その信に答えた。願わくば、霊よ。見て欲しい、私の嗚咽《おえつ》する千秋の声を。墨筆をもって万里の行を記す。

明日、もし、霊仙大師はと聞く人があれば、草鞋《わらじ》を残し白足で還られたと伝えよう。

円仁は、この板書を筆写したのち、南へ三里歩み、序文にあった霊境寺を訪ねた。そして、早速、老僧に霊仙が亡くなったときの様子を尋ねた。彼の答えは次の通りであった。

「霊仙三蔵は、長く鉄懃寺や七仏教誡寺にいたが、のちにこの霊境寺に移り、浴室院に住まいするようになった。だが、人に薬殺を企てられ、毒に当たって亡くなった。霊仙三蔵の弟子たちが埋葬したが、いまではそれがどこなのか分からない。」

円仁が霊境寺を訪れたのは、霊仙死後、十五年も経たない。それ故、霊境寺の老僧が霊仙の埋葬地を知らないはずはない。実はその薬殺事件があまりにも生々しく記憶されていたためかえって、彼は口をつぐまざるを得なかったのではないだろうか。

霊仙の没年は、正確には断定できないが、円仁の記録やその他の史料に

霊境村の北東にある霊仙三蔵の供養塔。平成5年に完成。土台は霊境村、塔は五台仏教管理局の負担によって建てられた。

より、宝暦元年（八二五）から太和二年（八二八）の間であろうと推定されてきた。近年、霊仙研究の第一人者である東京大学・鎌田茂雄教授は、彼の死を太和元年（八二七）、六十八歳の時とし、これから逆算して生年を天平宝字三年（七五九）であろうとしておられる。

なお、貞素は、淳和天皇から下賜された百金をむなしく持ち帰り、渤海の入唐使節に「日本国天皇に返送して欲しい」と託した。しかし、使節たちがこれをわが国に送金する途中、船舶の難破によって百金もまた玄界灘の藻屑と消え去ってしまった。

# 霊仙の遺志

霊仙の遺志は、その後渡唐した真言宗の円行や元興寺《がんこうじ》の常暁の二僧により、わが国に伝えられた。その一つは、霊仙の中国での弟子から預けられた「仏舎利」二千七百粒余である。また、常暁は、霊仙の遺言を受けた弟子から大元帥法を修得し、承和六年（八三九）に帰朝、これをわが国に伝来したのであった。

霊仙終焉の地、五台山・霊境寺は、長らく荒廃をつづけていたが、その旧跡が明らかになり再建された。霊仙の墓址とするところには愛知県日中研究会による霊仙三蔵霊塔が建立されている。霊仙ゆかりの金閣寺境内には、昭和六十二年（一九八七）、「日本国霊仙三蔵大師行迹碑」が、東寺長者石山寺座主・鷲尾隆輝師により建立されている。

千二百年近く歴史の深淵に隠されていた霊仙三蔵の偉業が、いま、ようやく心ある人々によって顕彰されるようになったのである。

国際人でありながら祖国を忘れなかった霊仙三蔵。仏法を「身心一如《しんじんいちにょ》」として、一途に真実に生きようとした霊仙三蔵。その歩みを辿ることによって、私たちも新しい世紀を生きるための力と展望を教えられるような気がしてならない。それもまた、彼の遺志の一つなのであろうか。

金閣寺にある霊仙三蔵顕彰碑と塔。昭和62年石山寺により建立された。

# 第二部　霊仙山と幻の霊山寺

# 伊吹山との丈比べ

霊仙山《りょうぜんやま》は、滋賀県と岐阜県の境となす鈴鹿山脈最北端の山である。頂上部は広大な草原となり、最高峰（一〇八五メートル）をはじめ三角点のピーク（一〇八四メートル）や経ガ塚と呼ばれるピーク（一〇四〇メートル）など、数峰がつらなる。それは、かの霊仙三蔵が骨を埋めた中国・山西省の五台山を連想させるかのような容姿である。全山が石灰岩質のために、各所にドリーネが隠され、絶壁があり、清流を集めた滝もある。その山麓にはいくつかの洞窟が点在する。

里や野から遠望する霊仙は、ひときわ大きく豊かに眺められる。周囲の低山をおさえ悠々とした山容は、人々に憧れと畏《おそ》れの気持ちを抱かせる。

霊仙山は、古くから近江の四高山の一つに数えられていた。江戸時代の地誌『淡海温故録《おうみおんころく》』には、「当国ニテ伊吹・霊山《りょうぜん》（霊仙山）・比良《ひら》・綿向《わたむき》ハ大山高峯ナリ」と記されている。伊吹山が近江の最高峰であることは事実であるが、標高からいうと霊仙山（一〇八四）より鈴鹿の御池岳《おいけだけ》（一二四二）や雨乞岳《あまごいだけ》（一二三八）の方が「高山」である。

しかし、村々や街道筋から眺めた山の姿がとくに秀でていることから、伊吹・霊仙・比良・綿向の山々が「近江の四高山」に数えられたのであろう。

同じ『淡海温故録』に、伊吹山と霊仙山の丈比べの話が出ている。

昔、伊吹大明神と霊仙権現が山の高下を争い空に橋を渡して見たところ、両方が互角なので、霊仙権現が橋の下に物を抱え込み、その結果、霊仙山の勝ちとなったというものである。これは、伊吹山周辺の一族と、霊仙山付近に本拠をもつ一族とが相争い、援軍をえた霊仙側の一族が勝利をえたという故事が、このような民話として残されたのではないかと想像される。

遡って『古事記』や『日本書紀』に記された日本武尊《やまとたけるのみこと》が荒ぶる山の神を征伐にでかけた物語は伊吹山が舞台である。山の神から氷雨の攻撃を受

中山道沿いにある居醒の清水

け、朦朧《もうろう》となった日本武尊は山を下り、霊水を飲んで正気を取り戻したとある。以来「居醒水《いさめのみず》」と呼ばれている泉は、霊仙山に水源をなす醒井・加茂神社に涌き出る水のことである。

# 山岳仏教の聖地

霊仙山ではじめて修行をしたのは、役小角《えんのおずぬ》であると伝えられている。小角は、修験道の祖といわれ、山から山へ飛び移る妖術をわきまえていたという。歴史的に見ると、七世紀のころ大和・葛城《かつらぎ》山を中心に活動した山岳仏教者で、文武《もんむ》天皇の三年（六七五）には妖言を放ち大衆を惑わせたという罪状で伊豆島に流された記録がある。

白鳳九年（六八〇）、この役小角が霊仙山に来て修行を行ったことが『興福寺官務牒疏《かんむちょうそ》』に記されている。さらに、同書には、役行者につづき養老元年（七一七）、泰澄《たいちょう》が来山し本尊に大日如来を祀り霊仙山を開いたと記録する。泰澄は、福井市郊外の麻生津の出生であり、北越の山々で修行した有名な山岳僧である。白山を開いたのも泰澄と伝えられる。

『興福寺官務牒疏』は嘉吉元年（一四四一）に再編された書物である。その中に霊仙山と役行者や泰澄とのつながりを示す記述が見出せるが、それは、この山が近江における山岳仏教の聖地として古くから著名であったことを物語るものであろう。

山岳仏教は、南都仏教の停滞に飽きたらない行者たちが、日本古来の山岳信仰と仏教信仰を混交させ、平安時代中期以降、ひろく全国に伝播したものである。大峰《おおみね》（奈良県）・金峰《きんぽう》（山形県）・熊野（和歌山県）の三山をはじめ、石鎚山《いしづちさん》（愛媛県）・大山（鳥取県）・白山《はくさん》（岐阜・石川県）等々、多くの名山が山伏修行の霊地となった。

霊仙山も、その一つである。

霊仙南麓、宮前から東の権現谷には、両岸に切り立った断崖が聳《そび》えまさに幽玄の世界である。米原町上丹生《かみにゅう》からの谷山谷にも、険しい断崖がかかり漆《うるし》ガ滝《たき》もある。多賀町側の河内《かわち》の風穴《ふうけつ》をはじめ、柏原道山頂付近の継子《まま こ》穴《あな》など洞窟も多い。さらに雄大な山頂付近の大草原など、霊仙山が修験者の道場として尊ばれる条件は十分にあった。

河内の風穴へ続く渓流

霊仙山には、かつて行者信仰の対象となった場所がいくつか残されている。

その一つは、芹川を遡った多賀町山女原《あけんばら》の上流、権現谷《ごんげんだに》である。林道を奥にすすむと川原のなかに幾抱えもある杉の古木が六、七本まとまって生えている。手前に簡単な鳥居があり、木立の真ん中に高さ三メートルあまりの自然石がある。これが「口の権現」である。

さらに上流部にすすむと右岸に大きな岩の裂け目があって、手前に鳥居が見つかる。鳥居をくぐって急な斜面を上り詰めると狭い岩棚に役行者の石像と不動明王が祀られている。ここは、「奥の権現」と呼ばれている。この二つの権現を祀っているのは山女原の人たちで、一月二十八日・五月二十八日・九月二十八日を「権現祭り」として、答拝《たっぱい》している。昔、役小角は、大和・大峯山に入る前に霊仙の権現谷や河内の風穴で修行していたとの言い伝えもある。権現谷の権現さんには、彦根、長浜方面に信者が多い。

下流の芹川右岸、河内下村の入り口の大きな岩の上に「元行者参道」の碑が建っている。役小角が行者の元祖に当たることから「元行者」と呼ぶ

多賀町河内の集落

のだという。かつては、頭に冠をいただき腰に鈴を着けた山伏姿の行者たちが、ホラ貝を吹きながら権現谷を目指して歩いていったそうである。

奥の権現のすぐ上流付近で、頂上部まで突き上げる涸れ谷を合わせている。「行者谷」（地形図名は白谷）である。あるいは行者たちは、権現谷からその名の通りの行者谷を登って広大な頂上部に至り、清明な山巓《さんてん》の大気の中で修法に励んだのかも知れない。

一方、霊仙山の西北に位置する米原町上丹生の松尾寺も、役行者の開山と伝えられている。松尾山頂上付近にあった松尾寺は、霊山七箇寺の一つで、宣教和尚を開基とし、三修上人の弟子・松尾童子が再建したという。山中には「役行者斧割水」と名付けられた谷水があるなど、ここでもかっての修験道との関係を偲ばせている。

米原町上丹生の森望さんが「霊山寺之古図《りょうぜんじのこず》」を所蔵しておられる。縦一三五センチ、横一一五センチの軸物である。森さんは、この古図は「富士山曼陀羅」「春日曼陀羅」のように、霊仙・阿弥陀岳を如来に見立てた「曼陀羅図」ではないかといわれる。たしかに、阿弥陀岳がもっとも鮮明

霊仙山頂

に、図面の左上部にそそり立って描かれており、阿弥陀岳を囲むように霊仙の各峰や仏跡が配置されている。すなわち古図は、霊山寺の配置を示すより、むしろ阿弥陀岳を中心として浄土の様相を描きだし、聖なる山「霊山」への信仰をあらわそうとしたものではないかと言われるのである。

このように、「霊山寺之古図」は、山そのものを神聖視する山岳仏教の雰囲気をよく伝えた一幅である。

# 霊山から霊仙山へ

江戸時代をふくめ、それ以前に作られた地誌や古地図には、「霊仙山」という記載はなくすべて「霊山」と記されている。「近江国古御絵図」（正保二年一六四五）、「近江細見図」（寛保二年一七四二）などには、北霊山・中霊山・本霊山とあり、明治十三年（一八八〇）に編纂された「新撰滋賀県管内地理書訳図」でも同様の記載となっている。「北・中・本」などは、霊仙山頂のそれぞれのピークに付されたもので、全体をまとめた場合は「霊山」と呼んでいたものと思われる。

地誌では、『淡海温故録』（貞享年間一六八〇代）には「霊山ノ岳」または「霊山」とあり、『近江国《おうみのくに》輿地《よち》誌略《しりやく》』（享保十九年一七三四）には「中霊山」として、『江左三郡録』（明和二年一七六五）には「霊山」と記載されている。

「霊山」とは、釈迦が法華経など大乗の教理を説いたとされるインドの「霊鷲山《りょうじゅせん》」を略したもので、古くから仏教の霊地とされてきたところである。三重県・福島県・大分県などに霊山という山名があり、西国一番の札所霊山寺（鳴門市）をはじめ霊山を名称とする寺院も多い。

鈴鹿北端の霊山が「霊仙山」に変わっていったのは明治十年代後半である。地図では明治二十四年発行の「近江国新町村全図」が初見であり、地誌類では明治十六年版『滋賀県統計書』の中に初めて見ることになる。『日本山嶽志』（明治三十九年）が刊行されたころには、「霊仙山」として定着するようになる。

「霊山」がどうして「霊仙山」に変わっていったのだろうか。理由の一つとして、山麓の犬上郡落合村・今畑村・入谷《にゅうだに》村（以上、現在は多賀町）が明治七年に合併し「霊仙村」となったことが考えられる。この三か村はともに「霊山さん」をお祀りしている。本来、「霊山村」であるところを同名であることを遠慮して「霊仙」としたのではないか。または、「山」

を佳字の「仙」に置き換え村の名称としたのではないか。そして、山麓の霊仙村がやがてこの山の名称をも「霊仙山」に変えていったのではないかと推定しておきたい。

# 幻の霊山寺

霊仙山にかつて「霊山寺《りょうぜんじ》」があったと伝えるのは、『興福寺官務牒疏《かんむちょうそ》』である。これまでに触れたように嘉吉元年（一四四一）四月十六日の日付をもつ文書で、大和・山城・河内・伊賀・摂津・近江にわたる興福寺末派の寺社百八十三カ所の記録を収めている。そこには、それぞれの寺社の由緒や規模などが記されていて、歴史を探るうえでさまざまな資料を提供してくれる。その中の一項を、霊山寺について意訳すればつぎの通りとなる。

所在は丹生郷で山号を「中霊山」と称する。

十八の僧坊があり、政所《まんどころ》（寺院総務）一人、公文《くもん》（文書官）一人、下司《げし》（事務員）一人、目代《もくだい》（神職）二人、下僧（下級僧侶）十六人、神

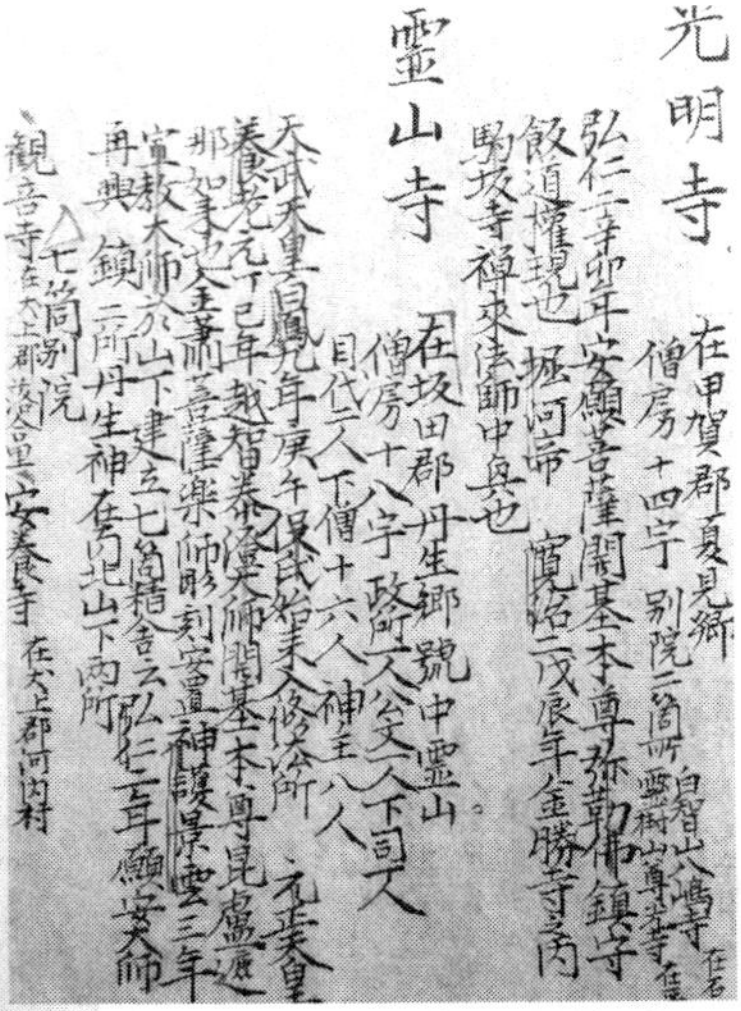


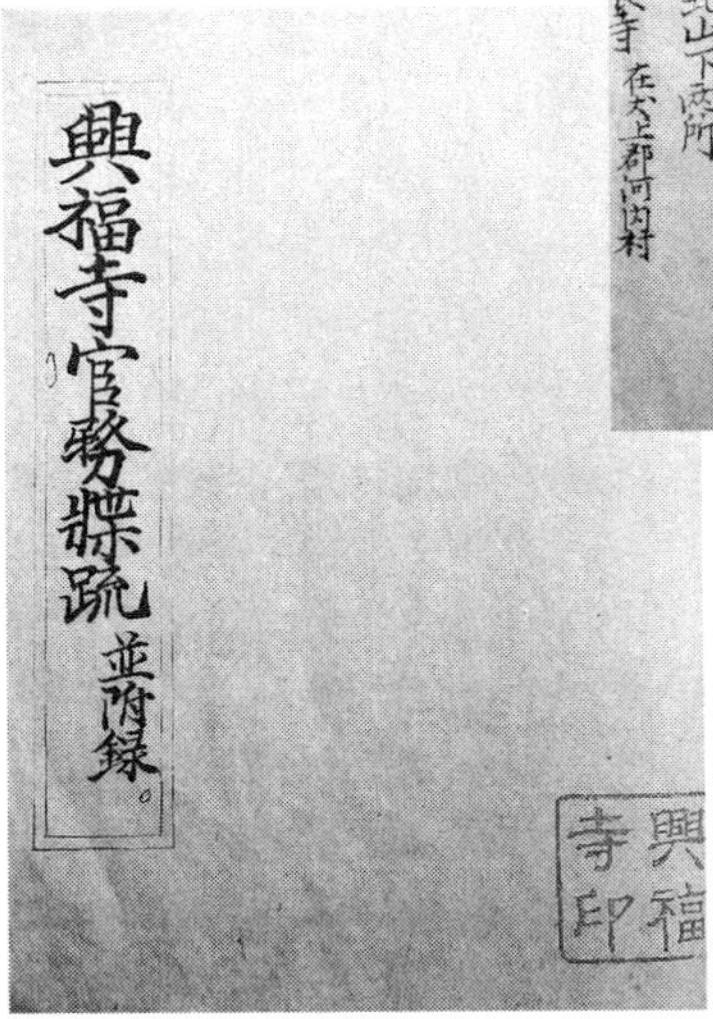


嘉吉元年（1441）に再編された『興福寺官務牒疏』写本。（興福寺蔵）

主（神事に仕える者）八人を抱えている。

白鳳九年、役氏が来山し、養老元年（七一七）には泰澄が本尊・大日如来を祀り山を開いた。神護景雲三年（七六九）に、宣教大師が山下に七箇の精舎を建立した。弘仁二年（八一一）、願安大師が再興し、鎮めとして南北の山下二カ所に丹生神を祀った。

宣教大師が建立したという七箇の別院はつぎの通りである。

観音寺　犬上郡落合里にあり
安養寺　犬上郡河内村にあり
大杉寺　大杉にあり
仏性寺・荘厳寺・男鬼寺ともに坂田郡にあり
松尾寺　丹生、西の山にあり
　以上金勝寺別院也

以上の『興福寺官務牒疏』の記事を読むと、霊山寺がかなりの規模の寺院であったことが推測される。それは、山頂部の広い草原のどこか一角に建立されていたのだろうか。あるいは、大きな霊仙山の山懐に抱かれていたものだろうか。山頂部にも山麓部にも、いまだ霊山寺の遺跡となりそうな証拠のものは見つかっていない。

私たちは、幻の霊山寺を広大な頂上付近の台地のどこかに見いだしたいと願っているが、いまのところ、それは流れ行く山霧のように、把握しきれないもどかしさと共にある。しかし、そのことが同時に私たちに夢とロマンを与えてくれもする。

たとえば、現在「経ガ塚」または「経塚山」と呼ぶ、標高一〇四〇メートルのピークは、霊山寺が衰退したとき、経巻を埋めたことからその名がついたと伝えられている。

また、かつて、三つの峰に、阿弥陀如来・釈迦如来・薬師如来が祀られ、それぞれの峰は祀られていた如来にちなんで名前がつけられたという。

この仏像は、あるとき、嵐で谷に落とされ川を流れていった。村人たちがその仏像を拾い上げ尊崇していたが、時代の変転の中で、現在、阿弥陀如来は長浜市常喜《じょうぎ》町の田勝寺《でんしょうじ》に、薬師如来は米原町上多良《かみたら》の真広寺薬師堂にそれぞれ祀られていると伝える。現に、阿弥陀ガ岳という名称は谷山谷の北に位置する標高八七六メートルのピークの名として今も残されている。

山頂台地に「お虎ガ池」と呼ぶ小さな池がある。霊山寺の僧侶がこの池で米を洗い、その水が谷山谷の「お池白水」となったという話である。

先に示した、森望さん所蔵の「霊山寺之古図」を見ていて気付くのは、『興福寺官務牒疏』に記された大規模な寺院の姿がどこにも描かれていないことである。伽藍《がらん》・堂宇のたぐいは皆無である。「阿弥陀堂」「阿弥陀御手洗」「御経坪」「釈迦堂」「経池」「釈迦御手洗」などの文字だけが目をひく。「古図」は桃山時代のものともいわれるが、当時すでに霊山寺のかっての姿は伝えられていなかったものと推測される。あるいは、峰々に置かれたのは阿弥陀堂・釈迦堂などと呼ばれたささやかな祠堂程度のものであったのかも知れない。

「古図」に記された地名の中の、「御経坪」は現在の経ガ塚に当たるのだろう。雲の棚引いた「経池」は、おそらくお虎ガ池に該当するのだろう。

霊仙山９合目付近にある「お虎ガ池」

「阿弥陀御手洗」「釈迦御手洗」などは、山中に隠されたドリーネによる池なのだろうか。

# 七箇の精舎

『興福寺官務牒疏』には、宣教が建立したという霊山寺の七箇別院として、観音寺・安養寺・大杉寺・仏性寺・荘厳寺・男鬼寺・松尾寺の名前を挙げている。それらの記録が決して根拠のないものではない証として、七箇寺の名は地名や寺院の名称として現在にまで伝承されているのである。しかし、千年を越える歴史の流れはその確たる証拠を、とうの昔に私たちの前から消し去ってしまった。ここへは、わずかに残された言い伝えを記す以外に方法がない。

**観音寺**　『興福寺官務牒疏』には「犬上郡落合里にあり」としている。現在、落合には、真宗大谷派の蓮休寺があるが、かっての観音寺の伝承とは無関係のようである。土地の古老の記憶では、集落を離れ落合川にそったところに、昔、観音堂があったとのことである。しかし、かなり以前からそのお堂もなくなっている。

私たちは、古老から聞いていた話をもとに谷筋を歩き調査を試みた。集落から約二十分、落合川の左岸から小さな谷が流れ込み、三角地が形成された場所に気付いた。

三百平方メートル余の台地があり、とくに目を引くのが谷に沿って石垣が組まれていることだ。山側にも石垣の跡がみられる。年老いた杉が残っていることも、何かいわれがありそうである。「観音堂」の伝承を知る古老もすでに故人となられ、今では確定することは困難となっている。

いっぽう、『多賀町史』編纂の際に地元で聞き取り調査が実施され、字限図にはない「堂ノ本」「堂前」の小字名が採集されている。落合集落の中ほどで、男鬼方面へ行く道の分岐点付近である。その小字名から、かってそこに観音堂があった痕跡ではないかとの推測も成り立つ。

落合の観音寺跡付近を調べる

**安養寺**　「犬上郡河内村にあり」とする安養寺は、現在も河内集落に同じ名前の寺院が存在する。浄土宗に属し、かつての火災で本堂の位置は変わったが、多賀町でももっとも古い寺院に数えられる。それは、小ぶりの五輪塔が境内に多数見られることことからも分かる。寺伝に霊山寺とのつながりは記されていないが、所在地と寺院名が『興福寺官務牒疏』の記事どおりである。なお『寺院誌』には「霊山寺七坊の一院として建立されたが、神護景雲三年、独立寺院となる」と記されており、宣教が七箇の精舎を建てた年を独立年としている。霊山寺との関連を伺わせる記述だ。境内には、霊仙三蔵顕彰会が「霊仙三蔵を偲ぶ」の木柱を建て、解説板を設置しておかれる。木柱の下には、はるばる五台山・霊境寺から運ばれた一握の土が埋められている。

**大杉寺**　『興福寺官務牒疏』に「大杉にあり」と記されている。霊山寺の七箇別院のうち、六カ寺の所在は霊仙山を源流とする芹川や丹生川に沿っているが、大杉寺のみが犬上川流域になる。奇異な感じは否めないが、

多賀町大杉の集落

やはり『興福寺官務牒疏』の記述を素直に受け止めるべきであろう。『淡海温故録』に「この所に大日如来ありて古昔の堂、いまだ朽ちず。縁起・由緒は亡失すといふ」と記している。大杉集落に真宗・金蓮寺が存在するが、前記の「古昔の堂」とは関係がないようである。集落の中を大杉川にそって登ると、広くはないがかって稲作りがなされた平地がある。また、「一円坊」と呼ぶ台地も残っていて、寺跡であったとの言い伝えも残っている。その辺りが、「七箇別院」の一つ、大杉寺と結びついてゆくのかも知れない。

## 仏性寺・荘厳寺・男鬼寺

この三寺は、「坂田郡にあり」とされている。現在、彦根市に仏生寺《ぶっしょうじ》町・荘厳寺《しょうごんじ》町・男鬼《おおり》町があり、三寺はそれぞれこれらの集落に存在したのであろう。仏生寺町にある寺院は真宗本願寺派の信行寺《しんぎょうじ》があるが、『淡海木間攫《おうみこまざらえ》』には、「往古、仏生寺ト云フ寺アリシト云」とし、「今ハ荒廃零落シテ名ノミ存ス」と記している。荘厳寺町には同じく真宗本願寺派の明願寺があるが、霊山寺とのつながりを示す伝承はない。同じく『淡海木間攫』に、「往古、山門繁盛ノ頃寺地ナリシニ依ッテ其寺号ヲ以テ村名トナス。今其仏場退廃シテ無シ」とある。霊山寺七箇別院の名残を示す記事なのだろうか。荘厳寺町の小字に「奥の坊」の名があり、何かいわくがありそうである。男鬼町は霊仙三カ村（落合・入谷・今畑）と接し、標高四二〇メートルの山中にあり、近年は廃村に近い形になっている。真宗本願寺派の誓玄寺があるが霊山寺との関連は見いだせない。「護持ガ谷」という小字名に心惹かれるものがあるが、今のところ謎とする他はない。

**松尾寺**　松尾寺に関して『興福寺官務牒疏』は、「丹生、西の山にあり」と記している。それは、松尾寺の位置を示す上で、非常に正確な記述になっている。米原町上丹生の西に当たる松尾山に松尾寺はある。寺伝は、すでに記したとおり、役行者の開山とされ宣教が霊山寺七箇寺の一つとして、松尾寺を建立した。のち、三修上人の弟子・松尾童子が再興したと伝える。松尾山頂近くの旧境内には、国重要文化財の石造九重塔がある。天台宗に属し、現在、寺院の構えは山下の醍井に移っている。

山上の松尾寺跡にも、「霊仙三蔵を偲ぶ」という木柱が建てられ、霊仙が一筋に仏道の修行に励んだ中国・五台山霊境寺の土が埋められている。

松尾寺九重塔。総高485㎝、鎌倉時代の作。

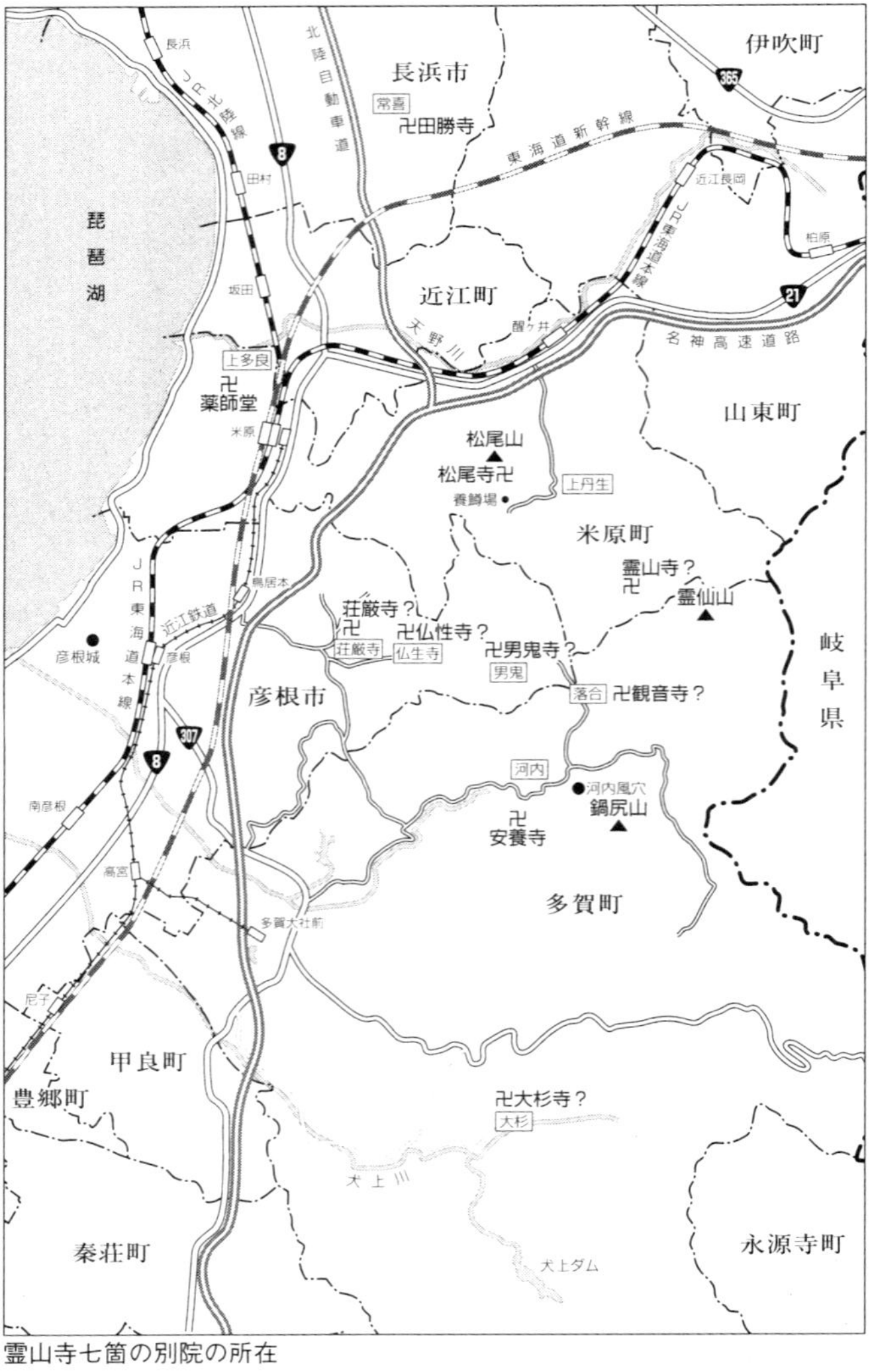

霊山寺七箇の別院の所在

# 第三部　霊仙三蔵顕彰の旅

# さんどう会と霊仙三蔵の出会い

三重県の藤原町、岐阜県の上石津町《かみいしづちょう》と県境をなす多賀町は、町の面積の八〇パーセント以上が山林である。町の中心部には「お伊勢参らばお多賀へ参れ。お伊勢、お多賀の子でござる」とうたわれる、多賀大社がある。古来、三重県との境・鞍掛峠《くらかけ》を越えて、伊勢・多賀参りの往来が盛んであった。

車社会となり、難所の鞍掛峠にもようやくトンネルができ、三重県とを結ぶ国道三〇六号が平成元年（一九八九）に開通した。それに呼応して翌年、かつて伊勢・多賀参りに利用されたこの道路を護ると共に多賀町の活性化をめざすべく、町内外の有志約二〇名が集まってささやかな会を結成した。往時、「参宮街道」とも呼ばれたこの道の上下の一字をとって「さんどう会」と名付けた。

会では、この歴史ある道を多くの人に伝えるべく記念碑の建立、佐目《さめ》トンネル南側出口のコンクリート壁へ壁画を制作した。また沿道周辺に咲く「シロバナ、ヤマフジ」を護るため、藤棚の製作・保育や、沿道にコブシ植樹も行なった。そして国道三〇六号周辺の歴史の探究等を行なってきた。

そうして約十年をむかえようとするある日、ひとりの女性から役場に照会があった。「多賀町が霊仙三蔵に関係する町では…？」という内容である。確かに霊仙山の最高峰は多賀町にあり、山への登山口も有している。しかし町では、これまで霊仙三蔵についての詳しい調査は行なわれていなかった。

そのことを聞いたさんどう会では、霊仙三蔵について、史実の探究と顕彰を始めようということになった。平成十年のことだった。もちろん会員のなかには、初めて霊仙の名前を聞いた者、名前は聞いたことがあるが詳しくは知らない者もいた。

そこでまずは昭和五十七年に発行された藪田《やぶた》藤太郎《とうたろう》氏の小説『霊仙三蔵』

延命長寿・縁結びの神として信仰を集める多賀大社。伊邪那岐命と伊邪那美命を祭神とする。

を読むことから始めた。この小説によれば、霊仙は息長《おきなが》氏族の一人として、天平感宝元年（七四九）、坂田郡枝折《しおり》に生まれ、幼い頃霊山寺で修行した後、興福寺の学僧となり入唐したというストーリーであった。

この小説は霊仙の生い立ちから唐での修行、心地観経の翻経の様子までを実に詳しくまとめている。霊仙三蔵を追い求めている人々にとっては、まるでテキストのようである。前述の女性もこの本を手がかりとして問い合わせてきたのだった。

そして私たちは、前述の通り手分けして、霊仙三蔵の成し遂げた事績をたどり、小説に出てくる霊仙山にあったという霊山寺とその七箇の支院を調べたのである。結果、現存している寺はどうやら安養寺と松尾寺の二カ寺だった。

しかし、かんじんの霊山寺については、その位置も遺構も今だに見つかっていない。はたして霊山寺はいつ頃まで存在していたのだろうか。

## 興福寺へ

私たちは改めて『興福寺官務牒疏』を見ることにした。

同史料には興福寺末社として、近江国では大菩薩寺・金勝寺《こんしょうじ》を筆頭に八十五カ所が挙げられている。金勝寺は天平五年（七三三）、聖武天皇の勅願により良弁が金勝《こんぜ》山中に草創した寺院で、弘仁年間（八一〇～八二四）に興福寺の僧、願安《がんあん》によって整備されたという。霊山寺を再興したのと同じ、あの願安である。

すなわち、霊仙三蔵が唐で『大乗本生心地観経』を完成した八一一年、願安が霊山寺を再興したとなる。霊仙三蔵が霊山寺から興福寺、そして遣唐使として唐へ渡ったあいだに、出生の地、霊仙山中の霊山寺は一時衰退したということであろうか。

それはさておき、弘仁年間といえば、比叡山に天台宗を開いた最澄の勢力が増してきた時代でもあった。都はすでに奈良から京へ遷都して十数年が経つ。

琵琶湖の湖南一帯は石山寺をはじめ、かつて良弁が開基したという寺が多く、金勝寺もそのひとつであった。興福寺の僧・願安は琵琶湖を挟んで比叡山と対峙する金勝山を拠点として、湖南一帯に法相宗の寺院を整備していったのである。

『続日本後記《しょくにほんこうき》』によれば、天長十年（八三三）には金勝寺は定額寺《じょうがくじ》（官寺に準じて鎮護国家を祈らせた寺）に列せられ、寛平《かんぴょう》九年（八九七）には年分度者《ねんぶんどしゃ》（国家によって正式に得度を許可された僧侶）二名を賜ったとある。またその規模は「僧坊山上三十六院。衆徒三十六口。属侍廿六人」（『興福寺官務牒疏』）とあり、九世紀半ば以降、金勝山を中心とした湖南地域は法相宗系の一大仏教圏を確立していったのである。

なお同書には、金勝寺の二十五箇別院（実数は二十六）が挙げられている。地域別に見れば、栗太郡に二十一カ寺、野洲郡に二カ寺、蒲生郡・甲

金勝山頂付近から琵琶湖と湖西の山なみが見渡せる。

賀郡・坂田郡に各一カ寺となる。

ここでいう坂田郡の一カ寺が霊山寺である。地理的に見れば、神崎・愛知・犬上郡を越えた飛び地にある。しかし、先に述べた年分度者一名が甲賀郡飯道名神と坂田郡山津照名神（現坂田郡近江町）のために置かれたということを考えれば、当然といえよう。霊山寺に僧坊十八宇が建ち並んでいたのは、おそらくこの頃でないかと推測される。

時代は下り、『興福寺官務牒疏』が書かれたころ、霊山寺の様子はどうだったのだろうか。「御前落居奉書」には「永享四年（一四三二）霊山寺衆徒は……」と書かれているとあり、十五世紀半ばにはおそらく霊山寺が存在していたであろうと思われる。しかし、その後の史料は、まだ何も確認できない。

そして私たちが知るのは、桃山時代のものといわれる「霊山寺之古図」一枚と、霊仙山に残る地名のみである。いったい霊山寺はどこにあったのだろうか。霊仙山に伝わる地名をてがかりとして山上説もあるが、風が強い山上に十八の堂宇があったとは考えにくい。おそらく中腹あたりに散在していたのではなかろうか。

そこで私たちは、平成十二年八月に興福寺国宝館を訪れ、『興福寺官務牒疏』を拝見して、小西館長からお話をうかがった。

「官務牒疏（官務帳）」とは、寺社に所管する官司の記録帳を意味するそうである。現存の綴本は近世の写本であり、どの時代のものを底本として書写されたかは明確でないが、隆盛時の興福寺の末派寺社を記録した貴重な史料ということである。なお、霊仙三蔵に関する史料については、残念ながら所蔵しないが、以後留意しておきたいとのことであった。

霊仙三蔵がこの興福寺に学んだことは紛れもない事実であり、霊山寺が興福寺の末寺である可能性も極めて高い。しかし、興福寺を訪ねても、霊仙三蔵と霊山寺を結びつける史料は未だ見つかっていなかった。

こうして霊山寺の位置はもちろんのこと、霊仙三蔵の興福寺へ行くまでのことは、濃霧のかかる霊仙山のごとく、私たちの歩みを阻むのであった。

興福寺国宝館小西さんからお話を伺う。

# 杉本哲郎氏による霊仙顕彰

私たちはテキストともいえる小説『霊仙三蔵』をもう一度読み返すことにした。そしてこの書の序文で杉本哲郎氏が「私は『霊仙三蔵』なる小著を当時の滋賀県知事服部岩吉の賛助を得て県庁広報課から出版した」と記されていることに注目した。

早速、県庁に問い合わせたところ、その本は滋賀県立図書館にあることがわかった。昭和二十五年三月発行『滋賀懸民時報』の付録で、十六頁からなる小冊子だった。そして実はこの杉本氏こそ、霊仙三蔵を滋賀県の人々に、広く紹介しようと働きかけた人物であることがわかったのである。

そこで、まず杉本哲郎氏の略歴を紹介することにしよう。

彼は明治三十二年に大津市に生まれた。父は長浜市の出身、母は大津市坂本の日吉神社の宮司をつとめていた国学者景山豊樹の次女であった。滋賀県庁の属官であった父は哲郎が二歳の時、実業界に転じたため、京都に移住した。

十五歳で山元春挙に弟子入りし、大正九年、京都市立絵画専門学校を卒業。大正十一年、二十四歳の時、「近江富士」が帝展初入選となったが、新しい日本画の確立を求めたことにより、翌十二年春挙塾を破門された。その後中国、朝鮮を旅し、日本画の源流としての仏教美術に感動を覚え、独自の道を歩み始めた彼は、梵文学の高楠順次郎博士（東大教授）、仏教画の松本文三郎博士（京大教授）に出会う。そして、両博士の助力によって昭和十二年渡印し、一年半をかけてアジャンター石窟とセイロン（現スリランカ）のシギリアロックの壁画模写を完成した。早速ボンベイで展覧会が開催され、このニュースはインドはもとより、ロンドン、日本に放送された。これをきっかけとして、東洋仏教遺跡の壁画模写に招聘されるようになった。

昭和二十年三月、家族とともに、父の出身地である長浜市に近い東浅井郡大郷村細江に疎開した。同年、両博士の相次ぐ訃報に接し、終戦を迎えた。

彼はその後もしばらく滋賀県に留まった。長浜市の豊公園に画室を設け、作品八十点を制作、個展での売り上げは引揚者の救助運動資金の一助にと贈った。

昭和二十四年、当時の滋賀県知事服部岩吉氏から、県庁近くに建った県立産業文化館の壁画制作を依頼され、翌年壁画が完成。幅十四・五メートル、高さ四メートルの「舎利供養」はその後、壁を切り取って琵琶湖文化館におさめられている。

昭和二十六年にはインドの国立大学へ客員教授として招聘された。当時、海外客員教授といえば、湯川秀樹、鈴木大拙につぐ三番目であった。

以来、宗教画家の巨人といわれ、西本願寺津村別院の大壁画や十大宗教壁画の連作を残し、昭和六十年、八十六歳で亡くなった。

さて、杉本氏の記した「霊仙三蔵」には冒頭に次の一文がある。

霊仙三蔵に関しては史料文献に乏しく、これが殆んど等閑に附されていたのである。従って霊仙三蔵の名さへ一般に知られざる実情にあったが、昭和九年十二月東京霞山会館に於いて故高楠順次郎博士が「アジア民族の中心思想」なる連続講演中に於て僅かに一度霊仙の事績に触れられた。更に昭和十九年七月故松本文三郎博士はその遺著『先徳の芳躅』に多年研究の一端を発表された。これ霊仙三蔵に関する文献発表の最初である。然るに昭和二十年初頭この東西学界の両権威は月余の差を以って相次いで逝去されたことは、霊仙研究のためまことに遺憾の極みと申すべきである。

杉本氏は恩師の霊に応えるため、霊仙三蔵の顕彰は自らの責務と考え、終戦まもなく、滋賀新聞紙上に「霊仙三蔵を憶ふ」という原稿を書いた。しかし、一般の注目を集めるに至らなかった。そうこうしている折り、滋賀県から壁画制作の依頼を受けた。そこで当時の産業文化館長、草野文男氏に霊仙のことを話した。草野氏は後に、地元浅井町で私設の郷土資料館

舎利供養中央大壁画（滋賀県立琵琶湖文化館蔵）

「七りん館」を開設するなど、郷土の歴史にはおおいに関心があった。早速知事に伝え、『滋賀懸民時報』の付録として冊子発行となったようである。

「霊仙三蔵」の大半は、松本博士の『先徳の芳躅』に書かれている霊仙の事績を平易に紹介したものである。ここで全てを掲載することは省くが、一部、高楠博士の講演要旨と杉本氏の思いを述べられた部分を紹介する。

霊仙三蔵は江州の醒ヶ井の人だろうと思う。醒ヶ井に霊仙瀧という瀧があり、その辺で修業していたらしく、又霊仙山という山もあり、今名所として駅にも書いてあります。

日本を出る前に伝教大師同様山を開くような事をされたのでありま す。とにかく霊仙は三蔵法師と言われ、経典を翻訳していたほどの偉い人であったのであります。（1　高楠氏の講演記録要約）

以上の如く霊仙三蔵が入唐して経典翻訳をなし五台山に於て死没する

滋賀懸民時報付録の霊仙三蔵。表紙挿絵は杉本哲郎氏によるもの。
（滋賀県立図書館蔵）

までの消息は概ねこれを窺知し得たのであるが、彼が生誕から渡唐までの在日の経歴に就ては現在のところ探るべき史料殆んど見出し得ず如何とも術なき次第である。(7)

本文冒頭に掲げた故高楠博士講演中に述べられている如く霊仙三蔵出生の地を滋賀県坂田郡醒ヶ井附近と想定し、霊仙岳に於ける修行開山の事績に就て本能的な感覚を抱かせられる所以は!その山容峻嶺を重ね渓谷を深め、樹林鬱蒼として環境頗る幽邃、一種の神秘性を含むことを指摘すべく、又かの秀麗明媚なる伊吹山に対峙し、湖東の空に晴れたる日も常によく雲を胎みて重々しく横たはる幽玄なる信仰的雰囲気に観ることが出来るであろう。

彼はこの雰囲気の中に生い立ったのではないか、彼の修行もその中に営まれ、彼が将来成し遂げた巨峯の如き偉業も亦この環境の中に於てその基盤を築いたのではないか。――宜なるかな、彼の名も所詮その山岳と同じ霊仙三蔵であり得たのである。

山岳は信仰の母体である。古来信仰の発祥は常に山岳の神秘性の中に顕現する。

かかる観察よりして高楠、松本両先生も彼の出生及び修行の地を概ねこの辺りと認めむべきを屡々語られたのである。

果して然りとすれば、霊仙岳を中心として東南江州の地域に一連の文化的関連ありし、往昔の光景を想像することが出来る。（現在栗太郡大宝村に霊仙寺なる地名あり）更らに空想の翼をのばすことを許さるるなら、湖西に比叡あり湖東に霊仙ありて相前後して法灯眩きものがあったと云うべく、この山紫水明の近江の勝地は所詮山上仏教発祥の聖地とも見るべきである。

霊仙三蔵に関する研究が進捗しこれを開明するに至れば、奈良朝末期より平安初期にかけての暗黒時代の感ある国史の一部を明徴たらしめる有力な史料を提供するのではないかと思う。

彼を生んだことは湖国の光栄であり、わが祖先の持つ深い矜誇である。文化日本建設の上からも後進は今こそ碩学偉業を追慕鑚仰しなければならない。それは又高く顕彰さるべき深甚の意義がある。而して日本教学の為に異国に於て万丈の気概を示しながら、不幸客死し杳として埋れたるこの偉大なる先覚者の霊を慰める道に他ならないと思う。（8）

　つまり杉本氏は、霊仙の生誕から渡唐までの史料が殆どないことを承知していた。しかし、両恩師の研究テーマのひとつ、霊仙三蔵を広く知ってもらいたかった。またはからずも、心地観経が石山寺で発見されたこと、高楠博士が講演で「霊仙山付近の出身では……」と話されたことを受け、滋賀県での顕彰活動を始めたのである。

　戦後しばらく湖北に住し、霊仙山を仰ぎ見るうち、次第とその山容、神秘性に感じ入ったのではないだろうか。そしてロマンを求めていたのではないだろうか。

　彼は最後にこう述べている。「空想の翼をのばすことを許さるるなら、湖西に比叡あり湖東に霊仙ありて相前後して法灯眩きものがあったと云うべく、この山紫水明の近江の勝地は所詮山上仏教発祥の聖地とも見るべきである。」

霊仙研究の広がりをのぞむ一方で、この顕彰活動をきっかけとして、「近江の地は山岳仏教の聖地である」と多くの県民に訴えたかったのではなかろうか。

晩年の杉本哲郎氏（栗東歴史民俗博物館　図録『企画展　宗教画家・杉本哲郎』より）

# 森大造氏の霊仙三蔵像

前述の『霊仙三蔵』には、杉本氏の「霊仙三蔵」の他に、彫刻家森大造氏の一文「霊仙三蔵を偲ぶ」も掲載されている。

森氏は明治三十三年坂田郡醒井村上丹生に生まれ、昭和二年に東京美術学校彫刻科を卒業した。昭和九年、「工場の午後」が帝展特選となり、戦前は神話を題材とした作品も多く作っていた。住まいは東京だったが、度々木彫りの里である郷里上丹生に戻り、制作していたという。

昭和二十四年の終りか翌年の始めであろう。森氏は旧知の草野文男氏から、霊仙三蔵顕彰の話を聞かされ、原稿を依頼されたのである。

## 「霊仙三蔵を偲ぶ」

霊仙三蔵は江州霊仙山麓醒井附近の人であったらしいと、故高楠順次郎博士は云って居られる。全国に霊仙山名のつく山は幾ヶ所もあるのに、特に江州の霊仙山麓と云われたのには何かより所があってだろうと思うが、私はそのへんの事を何も知らない。只私は私なりの考えとして、醒井附近であろうという訳を考えてみようと思う。

霊仙三蔵程の世界的大覚僧が出たと云う事は、歴史の上にもそうざらにある事ではない。こうした大覚僧が出るについては、それだけのいろいろの条件が備わっていなくてはならないのである。只単になんでもない百姓の家から、こんな偉人は出るものではないと思う。土地は人を作るとも云う、之は環境は人を作るのであつて、霊仙三蔵が生れ育った所は此偉人を作るだけの環境が備わっていた事を知る事が出来る。

霊仙三蔵はどんな環境に育ち修業したのであろうか。当時唯一の交通は水路であった琵琶湖を渡った旅人は、天の川にそって東に進み美濃路に出た。此天の川の流域は交通の要路として早くから開けていた。美しく耕された田畑に囲まれて豊かに生活している氏族があった。息長族である。息長族は皇室とも関係を有し、五ツ方の皇后を差上げているなどして、天の川沿岸に偉大な勢力を張っていたものである。

こうした高貴な氏族の勢力下にある此地方は、云うまでもなく相当高い水準の文化生活をしていたと云ってよいだろう。

天の川の支流丹生川は霊仙山に源を発している。このほとりに丹生真人が住んでいた。丹生真人族からは東大寺創建にあたって技術人が何人も奉仕している記録がある。此一事でも此地方が実に高い優れた文化地であった事を知ることが出来よう。

此様に優れた士族の住む地方は、又当然宗教も中々盛んであったと思われる。此地方の伝説と地名は大部分が宗教に関係があると見ても過言ではあるまいかと思われる程である。

香焚《こうだき》山、奥の院、寺尾、石仏、仏返《ほとけがえし》、子祈《こいのり》山等々の小字名があり、其他数限りもない程である。

此地方にも非常に多くの古墳がある。息長陵を始めとして高貴の方のと思われる大きいのから小さいのに至るまで実に多い。それ等の古墳からはいろいろの物が発掘されている。まだ発掘されないのも大分ある。古い瓦の破片などが掘り出される。よく見ると天平式の文様である。質も固く且厚く、大きい相当の寺院であった事を創造することが出来る。

此様にいろいろの角度から霊仙山麓醒井附近の古代を観察してみると、前にもいった様に此地方が如何に早くから開け、そして立派な文化を持っていたかをうかがう事が出来る。それはおそらく奈良地方と何等少しも変わる事のない優れた文化であっただろうし、政治的にも又強い力を持っていたものの様である。

こうした高い水準と強い政治力と、そして隆盛を極めた宗教とを背景にした地方に、たまたま偉大な天才の生れたであろうことも不思議ではないだろう。良い環境に恵まれ育つに及んで益々其秀才を表わし、遂に天皇の耳にも入ったと思われる霊仙三蔵を偲び想像することは少しも無理のないことである。長じて奈良に修学し選ばれて渡唐となったが、余

上丹生の集落。遠景は霊仙山。

りの秀でた才学に異境に散る運命となった。余りにもはかない物語りで後に残る何物もなく、いたずらに吾等を悩ましているのであるが、同じ丹生川のほとりから延暦寺十三代座主法性房尊意僧正が出ている。之等を思うにつけても宗教の盛んであった此地方にこうした大覚僧の生れたと云う事も又必然であった様である。

ああ霊仙往きて幾星霜、盛んであった往時の面影は今見るよすがもない。厳かにしかも静かに横たわる雄大な霊仙山のみ偉大な霊仙三蔵を偲ぶ唯一のものの様である。

一九五〇年一月十八日

森氏はその後、故郷の歴史を思い巡らせ、ロマンを求め、作家として霊仙三蔵のイメージを描き、彫像に取り組んだ。神代桧で霊仙三蔵像を二、三作ったと聞く。そして、そのひとつは森氏の母校、米原町の河南中学校に寄贈され、現在も中学校の玄関に飾られている。また晩年にはゆかりの地、五台山に参詣したと聞く。

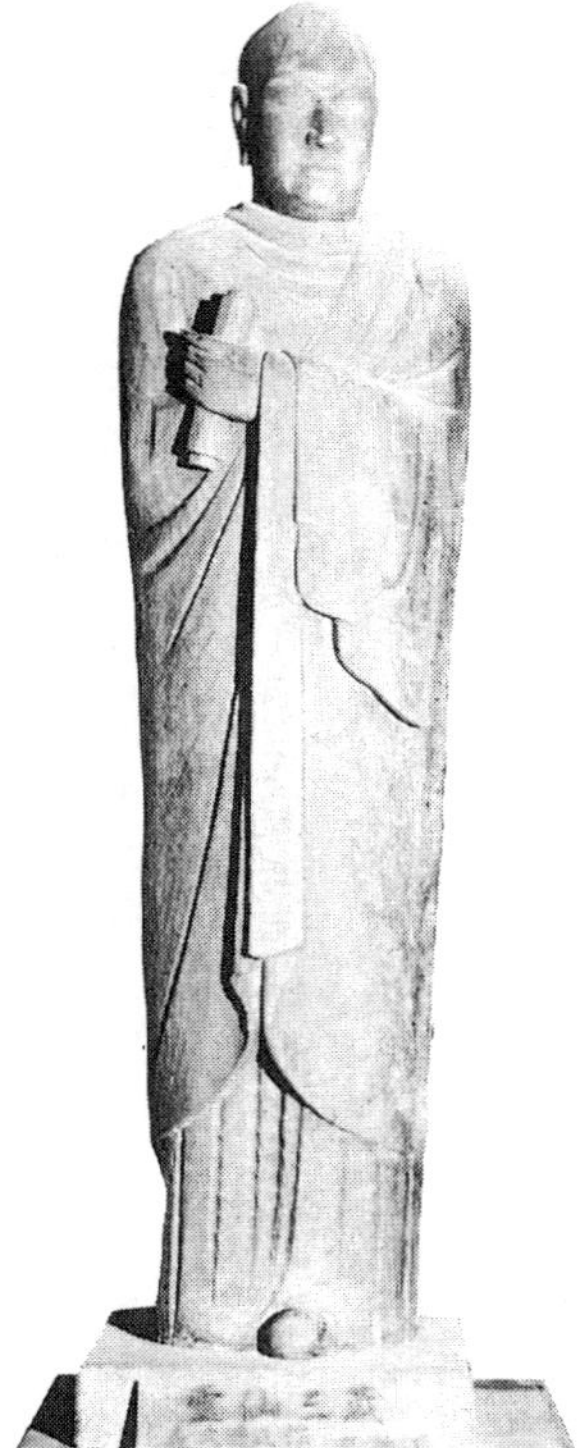


米原町河南中学校にある霊仙三蔵蔵（森大造　作）

おそらく杉本氏、森氏、そして草野氏は民主主義へと新たな道を進んでいく県民に向けて、千二百年以上もの昔、唐で偉業を成した日本人がいること、そして彼・霊仙三蔵がこの滋賀県と少なからず関係があったことを伝えたかったのだろう。

しかし、まだ終戦から五年、人々の喚起を呼び起こすには時期が熟していなかった。

# 一挙に広がった霊仙顕彰の波

大正二年に『大乗本生心地観経』が見つかった石山寺では、調査に立ちあった石山寺第五十世鷲尾光遍座主が昭和三十八年に『噫霊仙三蔵』を出版した。続いて頌徳碑《しょうとくひ》の建立を計画されていたものの、念願叶わぬまま逝去された。

そして昭和五十五年、石山寺五十世の十三回忌にあたり、石山寺境内に念願の霊仙三蔵頌徳碑が建立された。

このニュースは一躍、新聞・雑誌に紹介され、ようやく霊仙三蔵の事績は滋賀県民の知るところとなった。戦後三十五年、生活にゆとりが生まれ、おりしも町おこし、草の根文化創造の時代であった。

高楠博士が出生地と想定した米原町では、昭和五十六年に町民シンポジウム「まいはらの文化おこしとまちづくり」を開催。このシンポジウムでは、老人クラブを中心に霊仙三蔵についての研究発表がおこなわれた。

これに呼応して翌年発行されたのが、前述の小説『霊仙三蔵』である。藪田氏は小説のあとがきにおいて、「私が霊仙三蔵の名を知ったのは、石山寺鷲尾座主の書かれたある新聞の文化欄に紹介された短い記事に教えられたからです。」と記されている。

彼は傍証を求め、年代を案じてこの小説を完成したという。霊仙の出自を、「息長丹生《にゅう》真人《まひと》刀禰《とね》麻呂《まろ》の子」とし、その幼名を日来禰《ひきね》とした。そして当時霊仙山にあったという霊山寺で仏教を学んだと。

藪田氏はすでに亡くなられ、小説『霊仙三蔵』は絶版となった。しかし、今なお本を探している人は多いと聞く。特に登山愛好者にとっては、霊仙山周辺の地名や伝承の池探しとともに、山に登る度に霊仙三蔵のロマンが果てしなく広がっているのである。

石山寺無憂園に建つ霊仙三蔵頌徳碑

# 日中友好の架け橋に

霊仙三蔵の事績に光をあてた石山寺では、五台山解放まもない昭和六十一年、当地に顕彰碑建立を計画、現地入りされた。中国政府、五台山仏教会との交渉は困難を極め、費用も多額を要する情況であったと聞く。しかし、任務にあたった鷲尾遍隆副座主は「建立不可能であれば、実現できるまで、五台山に居残る」とまで発言し、その熱意が伝わり、無事交渉が成立した。そして昭和六十二年、五台山金閣寺に「日本国霊仙三蔵大師行迹碑」と堂塔を建立された。

その後も、顕彰碑の補修についての打ち合わせ、さらに平成十年の追悼法要と、霊仙終焉の地への行脚が続いている。

かつて霊山寺の支院として現存している松尾寺では、平成十一年秋、近

醒井養鱒場の手前、松尾山山道入口にある松尾寺仮本堂（礼拝所及び護摩祈願所）

藤慈澄住職を団長として訪中団を結成、霊仙三蔵の足跡をたどる旅を催行された。ご住職は霊仙三蔵とのご縁を結ぶ寺として日中友好の輪を広げる事業を計画されていたが、その年の十二月に急逝された。しかし、その後長子澄人氏（後継住職）はその遺志を受け継ぎ、平成十二年には青山一蔵会長の元で「霊仙三蔵顕彰会」を結成された。会では霊仙三蔵の偉業を讃え、日中友好親善の原点、町おこしの核を目的として学習会を開くとともに、毎年、訪中を続けておられる。故慈澄住職が生前、植樹運動を展開されていたため、平成十三年の訪中で霊境寺の地に「霊仙三蔵法師友好記念林」の植樹をされた。

また霊仙三蔵入唐千二百年にあたる平成十五年に「霊仙記念堂」完成をめざし、現在、地元上丹生の彫刻師・井尻信一氏によって、記念堂に安置される霊仙三蔵の木像を制作中とのことである。

さらに名古屋にある中国文化研究会では、五台山解放以来、その復興資金の募集・贈呈とともに毎年五台山巡拝を行なわれている。そして平成八年、霊境寺に中国文化研究会と愛知県仏教会により、霊塔を建立された。

先日、旅行会社が「中国大陸三十三観音霊場」というツアー募集の新聞広告を掲載していた。もちろん中国には三十三所巡礼はもとより、ご朱印の習慣はないが、日本にゆかりのある寺を中心に三年がかりで特別契約したという。旅行会社の商才はさておき、その三十三所の寺のなかに五台山金閣寺があるのを見つけた。

中国へ行き、現地を訪れて初めて霊仙三蔵を知る人も多いに違いないことだろう。そして霊仙三蔵をさらに知ろうとすれば、もはや霊仙が眠る第二の故郷、五台山へ行くことかもしれない。

私たちはこれまで霊仙の成し遂げたこと、そして彼の出生の地を追い求めてきた。まだ謎は続き、答は出ない。しかし、それはそれとして、霊仙山の麓、そして石山寺のある近江に暮らす私たちにとって、なによりも大切なことは、日本人で唯一、三蔵法師の称号を与えられた霊仙三蔵のことを、ひとりでも多くの人に知ってもらうことである。

今、霊仙三蔵に魅せられた人々は霊仙山へ登り、五台山へと旅立つ。幻の霊山寺。しかし、それは、かならず何処かに存在したのだと。そして、興福寺に学ぶ前の若き日の霊仙三蔵は、霊山寺で仏の道に目覚めたのだという思いを馳せる。彼は、近江の山岳仏教の聖地から羽ばたき、世界の山岳仏教の聖地である五台山にまで至ったのだろうと。だが、ふたたび日本に帰ることはなかった。

その無念の思いを少しでも果たそうと、ロマン漂う霊仙山から中国五台山へと顕彰の旅が続いている。霊仙三蔵への思いは、いま、日本・中国の新しい架け橋となって蘇ろうとしている。

最後に、五台山へ行った人の紀行文を掲載する。これは平成十二年秋、中国文化研究会主催の五台山巡拝に参加された東京在住の小杉弘一さん(五個荘町出身)が霊仙三蔵についてまとめられたものからの抜粋と、さんどう会会員の二編からなる。

千二百年もの前、遥か唐の彼方で僧として、最高の業績を成し遂げた霊仙の眠る地へ、巡礼の波は続いていくことだろう。

## 霊仙三蔵の終焉の地を巡礼し思う事

小 杉 弘 一

太原《たいげん》を朝早く出発した私たちのバスは、途中から黄土高原の細い山岳道路に入り、スリップしないように慎重に走る。距離は太原から二百五十キロとのことです。

夜半から降り続く霧雨は昼頃に漸く止み、五台山の南台に垂れた雲は昇り始め、山裾まで続く台地の麦畑の中に目ざす白い霊塔が見え、一同ホッとしました。

この地は南台の麓で標高一五〇〇メートルほどあり、夏も涼しく草に蓋われた山々は、高山植物の花が咲き、今も名残りの花が少しあり、私たちの心を和ませてくれます。

霊仙の生地の近江の霊仙山のようななだらかな南台の山々に囲まれた台地に、白い石造りの霊塔が建ち「日本国霊仙三蔵之霊塔」の文字が正面に彫られています。

霊仙は仏教の真理を求め、入唐し、壮絶な教学と修業を修め、その目的を達しながら再び日本の地を踏む事が出来ず、さらに五台山で真言密教の修業を続け、密教の真義を体得されたが毒殺され、文殊菩薩の聖地に骨を埋めたのは甚だ無念なことでありました。

霊仙の終焉の寺、霊境寺は小さな霊境村とレンガの塀で囲まれ、霊塔から少し離れた段丘の一角に眺められます。

文革の嵐が中国全土に吹き荒れ、この寒村の霊境寺も荒らされ、その存在もなかなか判明できなかったとのことです。

今の霊境寺は碑文で一八三一年に再建された時に、大分縮小されたようで、霊仙が住んだ唐代の様子を偲ぶことは出来ませんが、霊境寺と云う名前と霊仙のお墓が村人たちにより守り継がれた信仰の心に深い感銘を覚えます。

霊仙の研究者の塚本博さんの努力で、日中の仏教者の浄財を集め、一九九六年に霊塔を建立され、毎年五台山の旅を企画・案内して下さり、霊仙の顕彰と弔いを続けておられる塚本さんに、強く心をうたれます。

霊仙の終《つい》の寺苑の秋桜　ひろし

霊仙の銘《な》のある冷酒供えけり　　ひろし

午後、霊境寺の住職や村長さん、村人たちと別れ、五台山の中心にある顕通寺に向けて出発、清らかな流れに沿った林の中の道は快適なドライブでした。

延暦二十三年（八〇四）第十八次遣唐船で同時に入唐した三人の学僧について。

最澄は桓武天皇の命で、日本国を代表して天台宗の全てを持ち帰るべく、最高の資格と豊富な資金を与えられて入唐、天台山にのぼりその目的を達し、約一年で帰朝。桓武天皇の加護で叡山に天台宗の総本山を開き、開祖となりました。

空海は留学生《るがくしょう》として入唐。与えられた二十年間の経費の全てを密教の経典、マンダラの収集にあて、当時密教の第一人者である恵果にその才を認められ、恵果より密教の全てを伝授され、恵果のすすめで二年間で帰国したため入京せず、真言密教の体系づくりに努力。朝廷や嵯峨天皇の信を得て、東大寺別当となり高尾寺、東寺も与えられ真言密教を布教し、高野山を与えられ金剛峯寺を創建、一大宗教都市の造営に専念されました。最澄は、伝教大師として、空海は弘法大師として日本人の誰もが知っている偉大な歴史上の人物であります。

霊仙は、憲宗皇帝の命で般若三蔵と『大乗本生心地観経』の唐訳の大役を唐暦元和六年（八一一）に果たし、その功により、中国仏教の最高の敬称「三蔵」を日本人として唯一人拝命され、宮中の内供奉十禅師に任命されましたが、皇帝暗殺という政変に遭い、五台山に弟子数人とともに脱出。文殊菩薩の聖地、五台山の金閣寺に二年間、真言密教の不空の教を学び、密教の秘典も修し修業に専念しました。

その後霊境寺に逃れましたが毒殺されました。大和元年（八二七）霊仙六十八歳でした。霊仙最期にあたり、中国門外不出の最大の秘法「大元帥法」を日本の朝廷に渡してほしいと遺言。十一年後円仁とともに入唐した還学僧の常暁に弟子の応公と林栖《りんせい》から託され、常暁から朝廷に請来されました。

大元帥法は、国難のたびに大寺で秘法の行事が行なわれ、国難を逃れています。

霊仙の依頼で渤海の僧、貞素が二回朝廷に使いしている事。叡山の僧、円仁が霊仙の亡き後五台山を巡礼し、霊仙の足跡を尋ね『入唐求法巡礼行記』に精しく記していますから、日本の朝廷は十分に唐における霊仙の業績を熟知していたはずです。霊仙は日本国の誇りであった僧のはずですが、正史にも記されず、霊仙の存在を認めず、故意に抹殺されたのはどのような理由なのかおおいに疑問に思います。

また、『大乗本生心地観経』もその奥書が大正二年、石山寺で発見されるまで般若三蔵の唐訳として信じられていたことも不思議です。

日本の歴史書にも、歴史年表にも、広辞苑にも霊仙三蔵の文字は見あたりません。

今日も多くの日本人が霊仙三蔵の名前を知らないのは当然の事と申せます。

霊仙研究の先輩の方々と共に、私も及ばずながら霊仙の顕彰と復権に心がけたいと思いました。

合　掌

# 五台山参拝に同行して

さんどう会副会長　澤田藤司一

平成十二年秋、私は名古屋在住の塚本博氏が五台山ツアーを計画されているのを聞いた。霊仙三蔵の最期の地、霊境寺はどんなところであったのか。最澄や空海と同じ遣唐船に乗って中国に渡った霊仙三蔵は、なぜ二人の高僧とは違った生き方をされたのか。どうして中国の田舎の山寺で最期を遂げられたのか。こんな私の気持ちが五台山行きを決めたように思う。

ツアーは四泊五日の日程で、まずは山西省の太原市に行き、この地を中心に中国の古い史跡を見学するという段取りであった。

専用バスに乗り五台山へ行く途中、霊境寺を参拝する事になり、山越えの道をバスはまさにあえぐような状態で上っていった。太原から五台山に行く巡拝道路は別にあるそうだが、一番に霊境寺に行くために山道を選んだという。山に入るに従い、大変な悪路が続いた。

最初の難所は水の流れていない川を渡るときだった。バスの車腹が川の底をすって進めない。何度もハンドルを切り返して、やっと無理矢理川を渡った。だんだん山の中に入ってくる。山の険しさは、中国も日本も同じである。道幅は狭く、急カーブが多い。時々古びたトラックが山の上から下りてくる。ドライバーは大変で、バスは苦労しながらやっとの思いで峠に辿り着いた。

しかしこれはひとつの山を越えただけである。これから下り道になるのだ。あいにく小雨が降ってきた。この山道は上るより下る方が大変なようだ。運転手がブレーキをかけるとバスは滑っているようだ。段々心配になってきた。下からオートバイが上ってきた。対向するためにはバスが止まり、オートバイも止まる。バイクが横滑りをしている。バスも滑っている。

全員、バスから降りたが、人間の足下も危ない。みんなで石ころや木の小枝をタイヤの下に並べるのに約一時間程かかり、この難所をなんとか切り抜けることができた。

予定の時間を遅れ、霊境寺村に着いた。バスを降りると前方の山すそに白い霊塔が見える。塚本氏より「あそこが霊仙三蔵の墓趾です」と説明を受けた。白い霊塔は平成八年（一九九六）に中国文化研究会と愛知県仏教会によって建立されたものである。

霊塔にお参りした私は塔の正面に刻まれている「日本国霊仙三蔵之霊塔」という文字になぜか感動を覚えた。今でさえこんなに苦労して辿り着く遠い地で「日本国」という字を目にしたからだろうか。

東京の小杉氏は「霊仙三蔵」というラベルの清酒をお供えになった。「こんな酒があるのですか?」と尋ねると米原町枝折の酒屋にあるとのこと。私は何も持っていないので「般若心経」を一巻お唱えした。

いよいよ霊境寺へのお参りである。村の入口で村長さんが我々を迎えてくれた。村といっても、日本の村とは違い、周囲を城壁のように囲んでいる。まるで村全体が一家族のような感じがする。この村の中に霊境寺があるのだが、村の人々の多くは我々を迎えてくれたというより、見物に集まって来たという感じがした。

塚本氏は村の子供達や住職にお土産を持ってこられたようだ。村民は先生をよく知っているようだった。境内には高槻市の五味氏が建てた小さな慰霊の標柱があった。この標柱建立の際、霊仙山の土を持ってきて、埋められたと聞いている。

霊境寺は古い寺で建物の傷み具合が心配になる。寺には彩色された「霊仙三蔵の尊像」が安置されていた。この寺は現在政府が占有していると聞くが、修復がされないままであれば、あと何年持つだろうか。こんな想いを感じながら霊境寺と村の人々にお別れをして、五台山に登った。

さて五台山はうって変わり、完全な観光地だった。雄大な景色が広がり、大勢の人、多くの寺があった。東台山・南台山・西台山・北台山・中台山の五つの山に囲まれた内側の台内の中心地がこの観光地である。

こうして私は五台山から帰ってきたが、まだ疑問が残る。なぜ霊仙三蔵は中国仏教のメッカ五台山でなく、少し離れた不便な霊境寺に住みそこで亡くなられたのか。また死因については毒を盛られて亡くなられたという説の他、誤って毒草を飲んだためなど色々な説があるようだ。

千二百年年という長い歴史の中で、中国という広大な土地の中で、また不便な奥深い山の中で、一人の人間としての霊仙三蔵の『霊』が生き続けている。

私にとっての次回の中国行きのテーマとなりそうである。

# 霊仙三蔵関係年表

| 西暦 | 和暦 | 記事（『出典』、〈説〉） |
| --- | --- | --- |
| 七一七 | 養老元年 | 霊山寺、泰澄により開基。『興福寺官務牒疏』 |
| 七三三 | 天平五年 | 金勝寺、良弁により開基。 |
| 七四七 | 天平十九 | 聖武天皇の勅願により良弁、石山寺を草創。 |
| 七四九 | 天平感宝元年 | 坂田郡枝折に霊仙出生か？〈藪田藤太郎〉 |
| 七五四 | 天平勝宝六年 | 行賀入唐か？ |
| 七五九 | 天平宝字三年 | 霊仙出生か？〈鎌田茂雄〉 |
| 七六九 | 神護景雲三年 | 宣教、山下に七箇別院を建立。『興福寺官務牒疏』<br>安養寺、独立寺院となる。『安養寺寺院誌』 |
| 七七三 | 宝亀四年 | 霊仙、行賀とともに入唐か。『宋史日本伝』 |
| 七八四 | 延暦三年 | 行賀この頃帰朝か？ |
| 七八八 | 延暦七年 | 最澄、比叡山に一堂建てる。 |
| 八〇三 | 延暦二十二年 | 霊船（仙）、十八次遣唐使船に乗船。『法相髄脳』 |

| | | |
|---|---|---|
| 八〇四 | 延暦二十三年 | 霊仙・最澄・空海入唐。 |
| 八〇五 | 延暦二十四年 | 最澄帰朝。 |
| 八〇六 | 大同元年 | 最澄、天台宗開基。空海帰朝。 |
| 八一〇 | 弘仁元年 | 「大乗本生心地観経」の訳経始まる。『入唐求法巡礼行記』<br>弘仁年間、願安により金勝寺整備。『興福寺官務牒疏』 |
| 八一一 | 弘仁二年 | 「大乗本生心地観経」完成。『入唐求法巡礼行記』<br>願安、霊山寺再興。『興福寺官務牒疏』 |
| 八二〇 | 弘仁十一年 | 霊仙、長安をたち五台山に行く。『入唐求法巡礼行記』 |
| 八二二 | 弘仁十三年 | 嵯峨天皇、百金を渤海使に託して霊仙に贈る。『入唐求法巡礼行記』 |
| 八二五 | 天長二年 | 霊仙、鉄勲寺に移る。『入唐求法巡礼行記』<br>貞素、百金を霊仙に届ける『入唐求法巡礼行記』。<br>霊仙、貞素に舎利一万粒、新経二部及び造勅五通を託す。『入唐求法巡礼行記』 |
| 八二六 | 天長三年 | 淳和天皇、百金を貞素に託して霊仙に贈る。『入唐求法巡礼行記』 |
| 八二七 | 天長四年 | 霊仙死亡か？〈鎌田茂雄〉 |
| 八二八 | 天長五年 | 貞素、霊境寺を訪ねるが霊仙はすでに死去。『入唐求法巡礼行記』 |

# 第四部　霊仙山の雨乞い伝説

霊仙山ほど豊かな歴史と伝承・民話をもつ山は本当に珍しいのではないだろうか。少なくとも、鈴鹿随一である。当然、伊吹山とならんで、滋賀県の双璧であると言いうるであろう。「聖なる山」でありながら、あるいはそれだからこそ、長い歳月にわたって霊仙山は人々との深い関わりを持ち、人々は霊仙山に育てられてきたのである。

霊仙山から近江側に流れ出す河川は、大別すると芹川と天野川の二つになる。この二つの川は、昔も今も人々の暮らしを守り続けてきた。稲作が天然の雨水に頼るほかなかったころ、霊仙山につながる雨乞い伝説がいくつも生まれた。そのいくつかを紹介しよう。

## 久徳の霊仙参り

多賀町久徳に、「霊仙参り」という独特の行事がある。毎年、八月一日に久徳の市杵島姫《いちきしまひめ》神社の宮世話が主催し、氏子《うじこ》の青年が霊仙山の「久徳池」に登るのである。この日には、青竹で作った筒を用意し、中に御神酒を入れる。池につくと御神酒を池にそそいで、空になった筒に今度は池の水を入れる。久徳に帰ったら、大きな釜に持ち帰った池の水をあける。そして市杵島姫神社の御神前でお湯立て神事を行うのである。

久徳池には竜神が住んでいるので、竜神池とも呼ばれる。昔、この池に水がなくなり、村人が困っていたところ、山中に鹿が現れ村人を水のある池に導いたとの話が伝わっている。また、大正の初めころ、行事に不都合があったとみえて、池の中から白い蛇が躍り上がり飛びかかってきたとの話（『多賀町の民話集』）もある。このように霊仙参りは神聖な行事とされ、久徳以外の人には池の所在を教えないことになっている。また、霊仙参り以外の日でも、かつては、しばしば久徳池（竜神池）へ雨乞いに登られたそうである。

## 竜女・良姫の話

江戸時代の末期、彦根藩士の野沢基明が編纂した『淡海古説』に、やはり久徳に関するつぎのような伝説が記載されている。

昔、久徳城の城主が奥方を宮中から迎えた。彼女は毎夜芹川の岸辺に立ち、「我に、国・郡《こおり》に名を残すほどの子を授けたまへ」と竜神に祈りを捧げられた。ある夜、川上から流れてきた火の玉が彼女の袖《そで》に入り、懐妊された。そうして、玉のような女の子が産まれた。その子は、良姫と名づけられた。良姫は類《たぐ》いまれな美しい女性に育ち、佐々木家から秀政公を養子として迎えた。二人は、三人の子どもに恵まれたが、ある日、良姫は夫に向かい「これでお暇をいただきます。私は、これから百姓を守ります。もし、旱魃《かんばつ》があったら、私の袖の雫《しずく》を与えましょう」といって、家中・百姓の取りすがるのを振り払い、御殿の一間に入られた。良姫が一声放たれると、にわかに晴天がかき曇り村雨《むらさめ》がきて、良姫はたちまち大きな竜に変身された。そして、「もはや、これまで。もし、私の姿が見たければ川上に来るべし」と言い捨て、霊仙に飛び去って行かれた。

一方、多賀町教育委員会発行の『多賀町の民話集』には、つぎのような話が紹介されている。

昔、久徳のお殿様が「よき妻を娶《めと》らせて下さい」と多賀のお社に祈願されたところ、「帰り道で出会う姫を娶れ」とのお告げがあった。殿が四手川《しで》まで戻られると、そこに美しい姫がおられた。「これぞ、神のお告げ」と、殿はその姫を奥方に迎えた。ほどなく懐妊し、いよいよ産み月になった奥方は、「ゆめゆめわが部屋を見給《たも》うな」と言って一間に入られた。しかし、ふすまの隙間からそっと覗かれると、部屋いっぱいにとぐろを巻いた大蛇がいたので、殿は思わず驚きの声をあげられた。

その声に、姫は嘆き悲しみ、「私の正体を見られたら、もはやお城にはおられません。もとの棲《す》み家に立ち帰ります」と蛇身をくねらせ、山道を這《は》い上がって霊仙山の池に身を沈められた。このとき、姫は、櫛《くし》と簪《かんざし》を山麓の落合に置いていった。

姫が預けた櫛・簪は、落合の霊仙神社に祭られたとも、入谷の谷神社に納められたとも伝えられている。入谷の谷神社も、久徳の市杵島姫神社も、ともに御祭神は市杵島姫で弁財天とも呼ばれ、水を守られる神様である。また、大蛇信仰とのつながりも深い。

霊仙山から比較的離れた久徳の集落に、なぜ霊仙山の池と深くつながる竜女伝説が残されているのであろうか。それは、久徳が芹川と四手川の合流地点に位置しており、下流部一帯の田養水の取り口として重要な赤田井堰の井親であることによるものであろう。

## 米宗あらし

霊仙山の池に汚れたものを投げ込むと、山の神が怒って暴風雨をもたらせるという伝説が昔からある。

明治三年（一八七〇）九月十八日、近江一円を大嵐が襲った。『多賀の民話集』には、風雨は十八日の午後八時ごろから強まり、十時ごろ最高潮に達して大洪水が起こったとしている。水田をはじめ、農作物の被害は甚だしかった。このとき、ある噂が広まった。それは、彦根本町の「米宗」こと澤田宗七が、米の値段を吊り上げようと霊仙山の池に汚物を投げ込んだというものであった。大嵐は、霊仙山の竜神の怒りにふれたためであると人々は信じた。とくに被害の大きかった犬上郡東部の農民たちは激昂《げっこう》し、千名近くの者が竹槍などの武具をたずさえ、彦根城下に迫り米屋宗七を襲撃しようとした。

この企ては彦根藩庁によって抑えられたが、同時に米宗の家や蔵をも破却したという。

それ以来、毎年、二百十日・二百二十日前後になると、霊仙山頂付近の池を汚すものが出ないように、村々から見張りを立てていたそうである。明治の初年まで、雨乞いの池は単なる伝説の池ではなく、生産活動の根幹にかかわる重大な池であったのである。

## 下丹生の霊仙祭

米原町下丹生でも、霊仙祭が行われている。お虎ガ池のことを下丹生では「お池」と呼び、毎年十月十五日に、下丹生・平林神社の氏子の皆さんがお池にお参りに行くことになっている。これを「霊仙祭」という。池に御神酒をそそぎ、洗い米・するめ・昆布を供えられる。池には鳥居が建てられているが、この鳥居は下丹生の人たちが奉納したものである。下丹生でも、かつては日照りがつづくと霊仙山への雨乞い行事が行われていた。

下丹生の霊仙祭は、近年では体育の日に変更されている。

なお、「お虎ガ池」の名前は、霊仙山に棲《す》む山姥《やまんば》おとらにちなむものであるという。山姥おとらは、伊吹山の伊吹弥三郎と夫婦であり、一年に一回、弥三郎はおとらのところへ遊びに来るのである。このとき、おとらは池で白い米を洗い、弥三郎を饗応する。伊吹弥三郎がおとらの所へ遊びに来る日は、丹生郷の人たちは霊仙に登らないことにしていたという。

## 榑ヶ畑の雨乞い踊り

榑ヶ畑では、雨乞いの際には八坂神社で太鼓を叩き、唄をうたって雨乞いの踊りを奉納した後、お虎ガ池でも踊ったという。大正時代には大太鼓四人と小太鼓四人、鉦一人と音頭取リ一人からなり、「ながの日照りでものぐさがよ　とらごえさまへ　雨乞いよ」という唄をうたったという。

ちなみに「とらごえさま」とは「虎御前様」というお虎ガ池にいる神さまの呼び名である。お盆前になると「土用見舞い」といって区長がお神酒を持ってお虎ガ池に供えた。

榑ヶ畑の川崎さんが昔聞いた話によれば、久徳の人もその時分になると霊仙山へ登ってこられていて、別の池へ参っておられたが榑ヶ畑の人が久徳の人についていこうとしたがついていけなかったという。久徳の人たちが詣っておられた池かどうかわからないが霊仙山で底が青みがかった深い池を見た榑ヶ畑の人がおり、その人の話によると、池の近くには大蛇が通って草がなぎ倒された形跡があり、そこにはハエがたかっていたという。

## 梓河内の雨壺さん

山東町梓河内集落の中ほどを、霊仙山北面の水を集めた梓川《あずさ》が流れている。梓川の上流部には、「雨壺さん」という小さな泉が湧いている。梓河内には、つぎのような話が伝わっている。

昔、旱魃がつづいて農民たちが大変困っていた。そのとき、ある聖僧がきて祈りを捧げた。僧の夢のなかでお告げがあった。「高山に霊泉があり、ここから竜王が空に昇って雨を降らせようとしているが、黄金の蓋に閉ざされ昇れずに困っている」のだという。僧は喜んで村人たちとともに谷を登り水源を訪ねて行くと、小さな泉が見つかった。僧が土砂を取り除いたところ、果たせるかな黄金の蓋があったので、彼は蓋を開けて雨乞いのお祈りをした。間もなく金色の蛇がその泉から舞い上がり、やがて車軸を流すような大雨が降ったという。

その後、明治時代の終わりまで、梓河内では雨乞い行事のあとで雨が降ったら、「御礼おどり」をすることになっていた。

## 霊仙びかり

霊仙山は、大きな山である。

湖東の平野のどの場所からも、その美しい稜線を仰ぐことができる。夏、晴天がつづき一雨欲しいと願っているころ、霊仙山頂付近にたなびいていた雲が、ピカピカピカッと光る。それを「霊仙びかり」という。霊仙びかりは、雨の降る前ぶれで、霊仙が光ると数日のうちに降雨に恵まれるという。

霊仙は、不思議な山である。

いつまでも私たちの心を惹きつけ、そしてともすれば自然の恵みを忘れてしまいがちな現代の人々に「何が大切なのか」ということを優しく諭してくれる山である。霊仙三蔵の故事とともに、霊仙山の自然と歴史の豊かさを子々孫々の代にいたるまで語り伝えて行くことが、せめてもの私たちの役割なのだといえるだろう。

# あとがき

琵琶湖の東部にある多賀町は鈴鹿北部の霊仙山、三国岳、鈴ケ岳の山並に遮られ、隣接の町でありながら三重県の藤原町や岐阜県の上石津町との交流が少なかった。

ただ大君ケ畑村からの鞍掛峠や五僧村からの五僧越の山路を、駄馬による物資の交易や伊勢神宮・多賀参りの参宮道として、かつて峠越えの難所を行き来した記録が残っている。

昭和四十五年（一九七〇）四月一日、三重・滋賀の国境・鞍掛越えが国道三〇六号に認定された。以後、昭和四十七年（一九七二）鞍掛トンネルが開通し、平成元年（一九八九）二月、佐目トンネルが開通して大量交通の門戸が開かれた。

その時、県の係官から、「道路は整備したが、沿道の修景や整備は地元の自発的な協力が必要である。鈴鹿を横断するこの道は素晴らしい風景と歴史に満ちた由緒深い道路である。楽しく幾度か通ってみたいと思える道になるように、沿線地域の奮起協力を願う」と指導を受けた。

平成二年（一九九〇）八月、開通後間もない佐目トンネルの中に筵《むしろ》を敷いて、有志約十五名が持ち寄りの酒肴で全線開通を喜び合うささやかな酒宴を催し、「この道を我等が護らん」と語り、組織づくりを決意した。これが本編にもふれた、わが「さんどう会」である。

道路・トンネルの設計施工を担当した県の係官、壁画を担当した長浜の芸術家、鈴鹿の動植物研究の第一人者学校の教師、連絡に携わった町職員、沿道村々の代表者が参加する道路愛護団体ともいえる。

記念碑の建立、トンネル壁画、そして沿道周辺の自然保護と修景保存をしていくうちに、多賀町の歴史を調べ、そして霊仙山《りょうぜんやま》と霊仙三蔵《れいせんさんぞう》についての顕彰が始まったのである。

残念ながら霊仙三蔵が唐へ渡るまで、そして霊山寺《りょうぜんじ》に関することについての新たな資料は見つからなかった。しかし、霊仙三蔵に思いを馳せ、各地で活動を続けておられる多くの方々と知り合い、交流を持つことができたのが何よりの成果であった。

この本をきっかけとして、日本人で唯一、三蔵法師の称号を持つ偉大な僧がいたという事実を、山岳仏教の聖地・近江から多くの人々に伝えることができれば幸いである。そしてまたいつの日か、新たなる発見があり、霊仙研究が広まることを期待する。

今回は霊仙三蔵に焦点をあて、本を上梓したが、神秘の山・霊仙山にはまだまだ多くの自然が残され、そして山とともに暮らしてきた人々がいる。次回は自然を中心にまとめようと計画している。

十年以上にわたり、約二十名の特異な者たちの集まりではあるが、事ある毎に参会し、問題の提起・実行を続けてきた。今後ますます参道に関わる自然・歴史・文化の向上に役立ちたいと願っている。

最後にこの本をまとめるにあたり、資料・貴重な写真をご提供いただいた各所蔵者の方々、お忙しいなかを快く取材に応じていただいた皆様に厚く御礼申し上げます。

平成十三年十一月

さんどう会 会長　林　清一郎

# 参考文献


頼富本宏「入唐僧霊仙三蔵」『僧伝の研究』昭和五十六年
堀池春峰「興福寺霊仙三蔵と常暁」『南都仏教史の研究』昭和五十七年
高楠順次郎「東洋文化史における仏教の地位」『高楠順次郎全集第一巻』昭和五十二年
高楠順次郎「霊仙三蔵行歴考」『大日本仏教全書第七十二巻』昭和四十八年
日比野丈夫「入唐求法巡礼行記・五台山之巻・訳注」『東洋文庫　五台山』平凡社　平成五年
杉本哲郎「霊仙三蔵」『霊仙三蔵』滋賀懸民時報、第三巻、第五号附録　昭和二十五年
森大造「霊仙三蔵を偲ぶ」『霊仙三蔵』滋賀懸民時報、第三巻、第五号附録　昭和二十五年
藪田藤太郎『霊仙三蔵』サンブライト出版　昭和五十七年
『栗東の歴史』第一巻　栗東町役場　昭和六十三年
『企画展　宗教画家・杉本哲郎』栗東歴史民俗博物館　平成十年
『貿易陶磁―奈良・平安の中国陶磁』（財）由良大和古代文化研究協会　平成五年
鷲尾隆輝「石山寺の歴史と信仰」『古寺巡礼近江2石山寺』淡光社　昭和五十五年
鷲尾隆輝「噫　霊仙三蔵」『湖国と文化』十七号　滋賀県文化振興事業団　昭和五十六年
多川俊英『奈良興福寺』小学館　平成二年

霊《れい》仙《せん》三《さん》蔵《ぞう》と幻《まぼろし》の霊《りょう》山《ぜん》寺《じ》

2001年12月9日　初版1刷発行

編集・発行　さんどう会
滋賀県犬上郡多賀町敏満寺240-2　林清一郎方
TEL.0749-48-0577

発　　売　サンライズ出版
滋賀県彦根市鳥居本町655-1
TEL.0749-22-0627　FAX.0749-23-7720

印 刷 所　サンライズ印刷株式会社


ISBN4-88325-215-9　C0020